区域经济发展与管理研究

高晓菲◎著

吉林出版集团股份有限公司

全国百佳图书出版单位

图书在版编目（CIP）数据

区域经济发展与管理研究 / 高晓菲著 . —— 长春：
吉林出版集团股份有限公司 , 2023.3
　　ISBN 978-7-5731-3166-9

　　Ⅰ . ①区… Ⅱ . ①高… Ⅲ . ①区域经济发展—研究—
中国 Ⅳ . ① F127

中国国家版本馆 CIP 数据核字（2023）第 056837 号

区域经济发展与管理研究
QUYU JINGJI FAZHAN YU GUANLI YANJIU

著　　者	高晓菲
责任编辑	李　娇
封面设计	李　伟
开　　本	710mm×1000mm　　　1/16
字　　数	200 千
印　　张	10
版　　次	2023 年 9 月第 1 版
印　　次	2023 年 9 月第 1 次印刷
印　　刷	天津和萱印刷有限公司

出　　版	吉林出版集团股份有限公司
发　　行	吉林出版集团股份有限公司
地　　址	吉林省长春市福祉大路 5788 号
邮　　编	130000
电　　话	0431-81629968
邮　　箱	11915286@qq.com
书　　号	ISBN 978-7-5731-3166-9
定　　价	60.00 元

作者简介

　　高晓菲　女，汉族，河北衡水人，经济师，硕士学位，毕业于华北电力大学。2005 年入职河北科技师范学院，从事财务管理和经济管理工作。先后主持河北省社科联、河北省教育厅科研课题多项，在《财经界》《科技经济导刊》《现代经济信息》等财经类期刊上发表学术论文十余篇。

前　言

从世界范围内学界的认知上来看，主要的区域经济理论与方法集中在解决区域间经济发展不平衡的问题上，这不仅指的是国家范围内的区域经济，还包括不同国家间的经济发展问题。显然，经济活动的展开是要以一定范围内的空间为基础的，任何国家或者地方的经济都是无法跳出这个范围的，都是要在其中完成的，由此区域经济也成了社会主体所重点关注对象。同时，根据不同区域间的差异性，也最终会塑造出各具特色的区域经济发展模式。除此之外，我们还应认识到区域经济管理学存在的重要性，这是一门以区域经济管理与运行为研究基础的学科，它旨在摸索出一套具有普遍性的区域经济发展规律。它是一门极具综合性质的学科。在此基础上，本书将紧紧围绕区域经济发展与管理的相关内容进行论述。

本书一共包括五章内容：第一章为区域经济的基本理论，一共包括两节内容，分别是第一节国外区域经济理论、第二节区域经济协调发展的理论；第二章为区域经济发展的研究对象，一共包括四节内容，依次是第一节区域经济发展的本质与动力、第二节区域经济的发展模式、第三节区域经济的发展战略、第四节区域经济发展的影响因素；第三章为区域经济管理，主要包括三节内容，依次是第一节区域经济管理的基本理论、第二节区域经济管理内容以及第三节区域经济宏观管理；第四章为中国区域经济发展趋势，主要包括三节内容，分别是第一节中国区域经济发展现状、第二节中国区域经济协调发展的基本构想、第三节中国区域经济发展趋势；第五章为中国区域经济发展创新，主要包括三节内容，依次是第一节新时代区域协调发展战略、第二节区域经济一体化研究、第三节"一带一路"背景下区域经济发展。

在撰写本书的过程中，作者得到了许多专家学者的帮助和指导，参考了大量的学术文献，在此表示真诚的感谢。由于作者水平有限，书中难免会有疏漏之处，希望广大同行及时指正。

高晓菲

2022 年 11 月

目 录

第一章 区域经济的基本理论

本章主要对区域经济概述进行介绍，一共包括两节内容，分别是第一节区域经济理论，介绍了区域平衡与不平衡发展的理论，第二节区域经济协调发展的理论，从劳动地域分工理论和经济地域运动理论两个方面展开。

第一节 国外区域经济理论

一、区域平衡发展理论

通过研究我们发现，区域经济发展的方式之一就是平衡发展或平衡增长，而区域平衡发展理论就是以发展经济学为基础所探索出的一套理论。

（一）莱宾斯坦的"临界最小努力"理论

"临界最小努力"理论最初是由美国著名的经济学家哈维·莱宾斯坦在 1957 年提出的，而提出的契机就是其著作《经济落后和经济增长》的出版。在书中提到，发展中国家应当在发展经济上下足功夫，只有达到了一定的经济水平，有了一定的经济基础，才能冲破经济上的限制，以实现国家经济长期而稳定地发展。在莱宾斯坦的眼中，虽说从部分发展中国家的经济发展现状上来看，其中确实是存在经济发展水平低的问题，但其中也一定存在着促使人收入上升或下降的因素和力量。假设一个国家的经济发展无法达到一定的水平，那么我们就会得知这个国家提高人均收入的刺激来源是小于其临界规模的，由此自然就无法突破经济发展上的瓶颈，以至于长时间内一直维持在经济发展水平不高的情况。由此，要想一个国家能够突破自己目前的经济发展现状，使其始终保持较快的经济增长速度和较稳定的经济发展水平，就必须要使一定实践范围内的经济受到大于临界最小规模的刺激，才有可能完成。

经研究发现，莱宾斯坦所提出的命题其实是建立在这样的一个"证据"之上的，即国家的人口增长率与人均收入水平之间具有某种函数关系。从长期的数据统计结果来看，发展中国家的人均收入的刺激力量是小于在上升过程中所遇到的阻力和的。由此我们可以清楚地知道，对于发展中国家来说，国家的人均收入水平仅仅是能够维持在一定的水平上，而这一经济水平也只能勉强满足国民的生存需求而已，如果不作出改变，长此以往，也只是这个结果的无限循环罢了。但是，如果在这个时候出现了一个新的经济刺激增长点，而且刺激能量十分巨大，就会使得国家的人均收入水平显著上升，突破平衡点，增长的收入不再仅仅用于生活，与此同时所出现的诱发性人口增长现象也促进了国家经济的发展。当出现这种情况时，国家的经济就有了一个助力，可以摆脱目前经济恶性循环增长的现状，走向长久发展之路。换句话说，就是一个国家的经济水平要想由落后走向发达，就需要有经济刺激点的出现，能够使得一定时期内的国家人均收入水平大于临界的最小规模刺激水平。

（二）纳尔逊的"低水平均衡陷阱"理论

除此之外，还有一个"低水平均衡陷阱"理论，这就是以莱宾斯坦所提出的"准安定均衡"理论为基础探索出的一个经济发展理论，这是由著名的经济学家纳尔逊提出和完善的。在"低水平均衡陷阱"理论中，只要是国民收入在满足其基本的生存和生活需求后还能够有剩余，人口在这时就有了增长的机会，但是当人口增长速率达到了一个临界值后，收入的增长反而会使得人口的增长速率下降。由此可知，这一理论的主要观点就是，不发达经济的发展痼疾就是反映在人均收入水平不高，国民只能勉强满足自己的生存需求，甚至是仅仅能够使得自己的生活水平维持在一个十分低的水平之上，自然也就无法进行储蓄和投资。如果国家的人均收入水平受到刺激后提升了，国家的人口也会随之快速增长，长此以往，国家又会回到之前的低水平生活状况，由此看来，这其实就是不发达经济发展过程中的一大障碍，也是一个"陷阱"。

在纳尔逊看来，主要有四个因素构成了国家经济发展"陷阱"的形成：第一，国家的人均收入水平和人口增长之间存在着十分紧密的联系，二者具有极高的相关性；第二，因为国家的人口基数大和人均收入水平较低，都在一定程度上导致了不论是何种的资金投入，都无法改变这种现状，最后都会回到最初的情况上来；第三，因为发展中国家都是依靠农业来发展的，它们本身耕作制度的落后也是构成其经济发展水平低的一大诱因，导致国家缺乏大量的资源；第四，往往经济不发达地区的工作效率也是极低的，这样自然无法在相同的时间内与经济发达区域所创造的财富相比。不仅如此，还有其他若干非经济因素的存在，同时在社会经济活动中还存在一些只改变最终收益分配格局，但没有改变国民收入的"零和效应"的存在，在这样的情况下，一个国家的经济水平自然无法发展起来。除此之外，本身发展中国家经济的不发达，也导致了国家科技、文化和人口素质等方面水平的低下，由此我们发现，影响一个国家经济发展水平的因素绝对不仅是经济本身而已。要想打破目前的经济发展格局，在保持可动员经济资源总数不变和外部刺激的基本状况下，就要使得人均的收入水平超过人口增长水平，由此看来，就只有多管齐下，多方面入手才有实现的可能。综合看来，我们归纳了六种改变现状的措施：第一，从制度层面入手，在制度上创造经济发展的空间和机会，保证国家政治氛围和社会环境的积极向上，为国家经济发展提供良好的基础；第二，从人口层面入手，在尊重人口发展规律的基础上，以长远的视角来完善人口政策，积极应对人口负增长和老龄化问题；第三，从居民的观念层面入手，在改变收入格局的基础上，保证人们的思想观念始终是积极向上的，同时使得财富逐渐向投资者方向流动；第四，从国家的宏观层面入手，依靠国家在政策方面的支持和行动，以及国家在宏观层面上的大动作使得突破经济陷阱的力量逐渐增强；第五，打开国门，吸引外资进入，由此增加国民的收入；第六，从技术层面来提升国家对于现有资源的利用效率。

（三）纳克斯的"贫困恶性循环"理论

1953 年美国著名的经济学家拉格纳·纳克斯在其著作《不发达国家的资本形成问题》中叙述的"贫困恶性循环"理论。这个理论主要观点就是影响一个国家经济发展的关键性因素是资本。在书中，纳克斯以社会上的穷人为例，进行了相关理论内容的说明。在他看来，穷人收入低的原因之一就应当归结到工作效率的问题上，而深入探究的话，我们就会发现，他们工作效率低，缺乏积极性的原因之一就是身体素质跟不上，而再探索我们就会发现，因为收入少，吃不饱穿不暖，最终导致工作时注意力无法集中，自身的工作效率和能力自然就无法得到提升。由此看来，穷人的一生自"贫穷"而起，也自"贫穷"而终，由此形成了恶性循环。

在纳克斯看来，一个人尚且是如此，那对于一个国家或地区而言，这一规律也应当是适用的，这就是所谓的"马太效应"，也就是说"越差就越穷"，反过来也是一样的。在"贫困恶性循环"理论中，社会上的经济活动中是存在着两个所谓的"恶性循环"的。如图 1-1-1、图 1-1-2 所示，就是从资本供给和资金需求两个角度来看待这个"恶性循环"的。首先，从资本供给的角度来看，收入低自然就不具有储蓄的条件了，由此就从根本上导致了资金的供给不足，自然就导致了生产率低下。由此看来，就形成了收入、资金和储蓄三者之间的因果关系；其次，从资金的需求角度方面看，由于国民们没有多余的资金去储蓄和消费，导致了市场的购买力低，自然就没有机会投资，又会导致收入水平降低，由此形成收入、购买力和投资三者之间的因果关系，又有一个"恶性循环"就形成了。

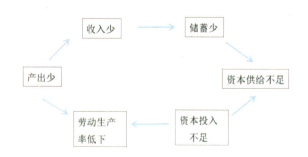

图 1-1-1 资本供给角度的"恶性循环"

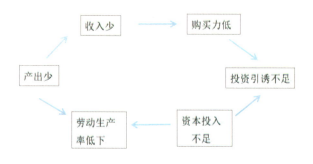

图 1-1-2 资金需求角度的"恶性循环"

除此之外，这个理论还有一个观点，就是认为上述的两个循环是具有紧密联系的，它们之间相互制约，相互影响，而且其中的任何循环都是无法自行突破的，也无法转变成为良性循环。例如，我们如果想要增加自己的储蓄，以便日后进行投资，但是储蓄的增加又会导致购买力的降低，最终就会导致投资引诱出现不足，若想要增加自己的投资引诱，就必然会导致最终的储蓄锐减。总之，就算投资的引诱力有所增强，最终也会因为储蓄的减少而难以维持下去。

由此看来，我们可以得出这样的结论：上述的两个循环之间的关系是十分紧密的，这样就会导致二者会一直维持目前的经济水平，也就是说经济无法实现快速增长，所以这就是导致发展中国家经济无法得到提升的关键性因素。[①]

（四）罗森斯坦·罗丹的"大推进"理论

美国的著名经济学家保罗·罗森斯坦·罗丹提出了"大推进"理论。这个理论的主要观点就是：发展中国家要想突破目前经济发展中的瓶颈，就需要在投资方面上下功夫，使经济保持一定的增长速度和规模，并且作用于社会中的各种发展产业。

在"大推进"理论看来，大多数发展中国家都有着地域市场面积小、经济发展停滞等特点，由此就导致了国家经济在投资和资金供给能力方面的不足。要想国家发展投资，就必须从多方面双管齐下，国家经济的各个部门都要同时增加投资，并且在投资结构上进行合理分配，这样才能使国家市场得以扩大，而且尤其要注重对于基础设施的投资，这样才能从最根基的地方下手解决问题，带给国家经济一个强有力的助推，最终使得整个国民经济能够稳定、持续、健康地发展下去，最终将国家带离所谓的紧急发展的"恶性循环"。

在罗森斯坦·罗丹眼中，发展中国家的经济活动是具有"不可分性"的，我们可以从以下三点内容来对其进行理解：

首先，就是基础设施层面上的不可分。因为基础社会本身所具有的性质，不仅具有初始集聚性，而且往往与基础设施有关的项目体量都是十分庞大的，具有极强的配套性，自然在投资方面的要求也就比较多。不仅如此，基础设施的建成需要相当长的一段时间，与直接的生产部门相比，是难以使得投资在短时间内就看到回报的。除此之外，一般来说，基础设施所带来的服务也是不能够通过购买

[①]　司正家.区域经济理论与新疆区域经济发展[M].北京：中国经济出版社，2009:60.

来实现的，由此对于基础设施的投资是一定要在优先层级上要高于其他的产业投资。尤其是在一个国家国民经济发展的初期，必须首先要集中大量资金，投入到国家的基础设施建设中去。

其次，就是储蓄层面上的不可分。众所周知，国民的储蓄能力虽说与其自身的收入能力是有一定联系的，但也不是无限制地会随着国民收入的增加而增长。对于储蓄的增长而言，是具有一定阶段性的，当人均收入水平超过一定的阈值后，国民储蓄才会出现急速增长的情况，国民们的资金充沛了，才有可能去发展更大规模的投资。由此看来，我们要想保证国家的投资能力，就需要保证国家的经济增长能力和速度，是可以始终维持国民收入超过规定阈值的，这样才能保证有足够的资金储蓄去进行投资行为。

最后，就是需求层面的不可分性。如果通过研究分析发现，国家的投资是集中在某一行业或领域之中的，那么就要保证这一行业的产出值能够有显著的提升，这样国内外市场才能有效运行下去。但是，如果行业所生产的产品是无法出口的，同时社会上其他领域中的人们处于大量失业的状态的话，那么这些生产出的商品除了一部分被本行业吸收外，剩下的将无人问津，从而导致国家的投资失败，这样就会浪费大量的资金。由此可知，我们要想保证国家内外的市场都能够正常顺利地运行，就要对社会上的各个行业和领域都进行广泛投资，多管齐下，这样不仅能够使国民们有工作的积极性和热情，能够维持他们的生活甚至能够有一定的储蓄，同时商品有人去购买，资金可以顺利在市场里进行流转。相反，如果我们不运用"大推进"理论的话，只在小范围内展开投资，投资规模也不大，这样不仅不能使得国家的经济起死回生，还可能会导致其陷入更为困难的境地之中，这对于缩小国家间的经济差距是毫无作用可言的。

二、区域不平衡发展理论

区域不平衡发展理论的提出，在当时的学界中造成了以赫希曼、缪尔达尔等人为代表的经济学家的批判。在他们看来，发展中国家想要实现经济持续稳定的增长是一件不可能的事情，这是因为它们显然在资金和其他资源方面的能力还有很大欠缺。也正是由于这样的原因，这些国家的投资只能集中在其中某些小范围的领域中，而社会上的其他行业就只能由所投资行业的利润而带动发展。

（一）艾尔伯特·赫希曼的"不平衡增长"理论

"不平衡增长"理论最初是经济学家艾尔伯特·赫希曼在其所写的著作《经济发展的战略》中提出的。他的主要观点是，国家的投资，尤其是针对某些发展中国家而言，一定要将自己的投资集中在某些领域之中，一定要有所侧重，而其他的部分就会通过这些领域所产生的经济效益而随之发展。在赫希曼看来，发展中国家最缺乏的就是资本，但若是毫不顾忌自身情况，进行一股脑地投资，就只会使得国家的经济维持在现在的水平无法突破，甚至会更糟。"不平衡增长"理论所倡导的就是，一个国家的发展之路必定是不平衡的，必定也是会遭受到许多阻碍的，发展的重点不会一直聚焦在一个领域或行业，而是会随着国家的发展重点移动，或从一个部门转向另一个部门，从一个企业到另一个企业。对于一个国家经济的发展模式，我们通常会采用一种类似"跷跷板"式的助推形式。将一个国家的经济发展从一个不平衡的状态引向了另外一种不平衡的状态。由此看来，国家政府所制定的那些经济发展政策，最终目的当然不是要使国家的经济最终达到所谓的平衡状态，而是要维持这种状态，使这种经济活动的不平衡始终保持生机活力。对于想要获得经济快速增长的国家而言，最行之有效的途径或许就是找到一种适合自己的经济发展的不平衡状态，可以首先在社会中的某些重点领域进行投资，这样当资金有所积累时，也为后续的投资提供了物质支持和发展空间，这样就会带动整个社会的经济增长。在赫希曼看来，当一次新的投资活动开展的时候，往往都是要用到之前的资金积累的，而这些资金绝大部分都是来自之前投资产业的产出，同时自己也在不断产出，为之后的投资创造新的外部经济条件。一般来说，我们通常会将投资工程分为两类：其一是具有一定收敛级数性质的投资类型，它往往是对于外部经济的利用多于最后的产出；其二是呈现出发散级数性质的投资类型，它就是明显最后的产出是多于外部经济利用的。由此看来，我们所支持的投资类型自然是后者，但也不可顾此失彼，实际情况中往往是二者同时进行的。

（二）冈纳·缪尔达尔的"循环累积因果"理论

除此之外，还有在业内十分著名的"循环累积因果"理论，这是由著名的经济学家冈纳·缪尔达尔所提出的，也是其于 1944 年出版的著作《美国的两难处境》

中所首次提出的观点。在这本书中，他论述到社会经济制度其实就是一个不断发展和演变的过程，在他看来，影响经济制度演进是有多方面的指导因素的，如社会、文化和政治等，同时这些因素之间也是存在着十分紧密的连接联系的。假设这其中有一个因素发生了改变，那么不用分析就可以知道，其他的因素也一定有所变化，随之变化的影响因素又会推动最先发生变化的因素继续发生改变，从而使得最终呈现出的结果仍然沿着最初所确定的轨迹而演进发展。由此可见，其实在社会经济的发展过程中，影响其演进的众多因素一定也是在发生变化的，并不会一直呈现出守恒的状态，而是以一种循环往复的状态来进行运动，除此之外这种循环本身也是具有积累作用的。举例来说，当穷人的经济状况有所改善，自然就有了资金去维持自身的身体健康，当身体处于健康的状态时，他们的劳动效率自然就会有所提升，反过来就会导致他们收入的提升。由此看来，从最初穷人的收入增长到后来因劳动效率增长而导致的收入增加就构成了一个循环，并且这个循环的能量是会持续增长的、是呈现出不断上升的趋势的。反过来说，如果最开始穷人收入的变化是减少而非增加，那么同样也会导致最终的收入减少，形成一个循环。由此看来，各个因素的变化是存在上升和下降两种可能性的。

总体来看，上述的"循环累积因果"理论我们可以大致总结为三大环节，分别为初始变化、传递式变化和回归初始变化，同时在这一过程中会产生上升或下降的变化趋势，由此形成一个循环。[①]

（三）威廉姆森的"倒'U'形"理论

"倒'U'形"理论，最初是由经济学家威廉姆森于 1965 年所提出的，在其同年所发表的文章《区域不平衡与国家发展过程》有所论述。文中通过对 20 世纪 50 年代这一时间范围内的大约 24 个国家的区域差异情况进行了比较，最终发现它们的区域差异在时间分布格局上呈现出倒"U"形，其中还有一些较为贫穷的国家，它们的区域差异还有逐渐增大的趋势，如巴西和菲律宾；相反在一些发达国家中，它们的区域差异则是在不断缩小，如美国、意大利等。不仅如此，威廉姆森还对其中的某些国家进行了国民收入的差异性比较，通过分析后，最终提出了这样一个观点，就是在一个国家早期的经济发展阶段，区域间的经济差异是

---

① 孙久文. 区域经济学 [M]. 北京：首都经济贸易大学出版社，2017:48.

有不断扩张的趋势的，但随着国家的经济发展水平逐渐趋于稳定，迈入成熟阶段，它们之间的差异也会有所减小。就是根据上述的一些深入调查和研究，最终威廉姆森提出了"倒'U'形"理论，认为国家的区域差异是遵循"倒U"形曲线的。

除此之外，根据威廉姆斯所提出的理论，我们可以得知，在一个国家经济发展的最初阶段，会出现积极活动的空间集中式极化现象，这是不可避免的，但是基于此而产生的区域间经济差异是会随着国家经济发展的逐渐成熟而最终消失殆尽。在"倒'U'形"理论中，经济发展本身和国家区域之间的差异化是存在某种依赖关系的，与此同时，在经济发展的初级阶段，这种区域间的经济差异化现象尤其明显，并且还有逐渐加大的趋势。但是，由于在这一时期，国家可用的资金确实是十分有限的，因而要想实现经济的快速增长，还是要将有限的资金集中到社会的某些领域中，否则就会导致经济效率的急速降低，反而会使目前本就不理想的经济状况雪上加霜。到了国家经济发展的后期阶段，可利用的资金和资源也逐渐丰富了，因而这时对于新经济增长点出现的状况是持乐观态度的，这样不仅可以将区域间的经济差异缩小，同时对于整个国家的经济水平发展也是十分有帮助的。

（四）诺思的"输出基础"理论

诺思的"输出基础"理论的主要观点就是将国家的经济部门主要划分为两个部分，其一是基础输出部分，另一部分则是自给性部门，这就是所谓的输出基础模型。我们假设，在这个模型中的自给性部门是不具有自发增长的能力的，但是当输出部门随着外部需求的扩张而扩张时，自然会为自给性部门的增长提供基础和空间，这样它也会随之扩张的。诺思就是采用这样一套模型来预测未来的国家区域经济发展变化的，这就是所谓的"输出基础"理论。这套理论最初是由诺思在其所发表的文章《区位理论与区域经济增长》中所提到的，在文中他详细分析了太平洋西北岸的区域经济发展，通过调查研究得知，区域外的小麦和木材等产品需求不断增长扩大，这样不仅会影响到当地的收入水平，也会对当地的辅助性产业造成一定的影响，还有人口分布和城市化特征等也会有所波动。除此之外，他还进一步提出了区域的输出需求与区域经济之间是具有某种函数关系的，这不仅会带动输出产业的经济增长，同时也会带动其他产业的发展。由此看来，要想一个国家的区域经济能够得到增长，就需要从输出产业的基础建设开始，但是这些区域是否能够成功建立输出基础产业，还是与它本身的生产与销售在整个区域范围的利益占比方面来看。[①]

第二节　区域经济协调发展的理论

一、劳动地域分工理论

劳动地域分工，指的就是在一定区域范围内，各个区域依据自身的现状条件所进行的人类经济活动的分工与劳动工作，也被称作产业地域分工或生产地域分工。在这种理念下，各个地域都优先发展自己的优势产业，同时将生产出的商品与其他区域进行交换，同时又进口其他地域的商品，这就是因为劳动地域分工所产生的社会现象。

（一）对劳动地域分工的基本认识

1. 分工是人类社会经济发展的固有现象

分工是人类社会经济发展自始至终存在的重要现象，是一条重要的社会经济规律。人类在其发展演变过程中，为了生存就需要劳动，而劳动需要依靠分工合作这一集体力量来进行。人类最早的分工是自然分工。在早期的原始氏族社会内部男女分工较明确，男子负责食物的获取及保卫家园，如捕鱼、狩猎、进行战争，女性则管家、制作食物和衣服。这即是母系社会的分工。由于进行了原始的自然分工，人类才能在最低的生产力水平条件下维持最低的生活，并促进了社会生产力的缓慢发展和早期社会分工的出现。

随着生产力的发展，各个原始部落开始有了某些相对剩余物，又由于各地区自然条件不同，山地、平原地区以采集、狩猎为主，临海、临河区域则将捕鱼作为获取食物的主要途径，这样在不同公社之间便开始了原始的产品交换。不同的公社基于自身环境的优势获取到不同的生产生活资料。这样的自然差别引起了不同公社之间的产品交换。从此，就出现了以产品交换为前提的早期部门分工与地域分工，人类社会逐渐地由自然分工进入社会分工阶段。

---

① 陈秀山，张可云. 区域经济理论 [M]. 北京：商务印书馆，2003.

在原始氏族社会后期，开始陆续地实现了三次社会大分工。首先是畜牧业的分离和农业部门的形成，出现了畜牧业和农业两大部门，实现了第一次社会大分工。其次，又有手工业从农业大部门中分离出来，实现了第二次社会大分工。在原始氏族社会向奴隶社会过渡时期，又产生了商业，出现了商人和高利贷者。最后，在商业和手工业比较集中的地方，开始形成早期的城市，这样就实现了第三次社会大分工。

三次大分工推动了社会生产力的发展，随着社会生产力的发展，又要求新的分工。到了资本主义萌芽阶段，手工业内部的分工日益明显。例如，在我国的封建社会后期，手工业部门已有"三百六十行"之说。以大机器生产为标志的产业革命，加剧了部门分工的进程。几次产业革命都促进了部门分工的大发展，乃至形成今天这样错综复杂的部门分工的局面。部门大分工推动了企业内部的分工和现代城市像雨后春笋般的发展，更带动了地域分工的不断深化。即便到了知识经济时代，部门分工与地域分工仍将不断深入下去，只不过其内容与形式有所变化而已。

2. 劳动地域分工是劳动部门分工在空间上的具体体现

劳动部门分工即人类经济活动按部门所进行的分工。目前，世界各国对众多产业部门的划分方法不一，一般分为：第一产业，包括农业、林业、牧业、渔业等；第二产业，包括采掘业、加工业、建筑业、电子工业等；第三产业，包括交通运输业、商业贸易、科技文教、金融、通信信息、旅游、服务；有的还提出第四产业，即高科技领域。今后，随着科技革命的不断深入和生产力的进一步发展，部门分工还将进一步深化下去。

劳动地域分工是劳动社会分工的空间表现形式。产业的部门分工必然在不同尺度的空间关系中表现出来。在人类的社会物质生产过程中，各个地区遵循比较利益的原则，把各个产业部门和企业落实在各自有利的地域上，实现地区之间的分工。地域分工能够超越自然条件的限制，如某一国家或地区不能生产某种产品，须由其他国家和地区输入或降低生产成本，实现地区之间的分工。

劳动部门分工是劳动地域分工的基础，没有劳动部门分工，也就不会有劳动地域分工，有了部门分工，就必然要把各个部门落实在具体地域上。随着生产力的发展，部门分工不断精细、地域分工不断深化，从而进一步推动了生产力不断向前发展。

3. 劳动地域分工是人类经济活动的内在因素

分工与人类经济活动（特别是产业活动）密不可分，生产需要分工，分工又推动生产和人类经济活动的发展，因此，分工是人类经济活动领域的重要内容。

人类经济活动包括多方面的内容，并从许多方面表现出来，它主要通过生产技术领域、管理领域和分工领域等方面促进社会生产力的不断提高和社会经济的不断发展。

人类经济活动的技术领域，主要是通过能源动力的不断变革、生产工具的不断创新和科学技术的不断进步来促进社会生产力的不断提高。技术领域是人类社会经济活动的首要领域，从而体现了科学技术是第一生产力的基本原理。人类主要依靠科技进步，带动能源动力和生产工具以及交通运输工具的不断变革，持续不断地把生产力发展水平从一个阶段推向另一个新的阶段。

人类经济活动的管理领域包括生产管理、经济管理、技术管理、环境管理、行政管理、部门管理和地域管理等诸多方面，通过不断提高管理水平及管理规范化和现代化的手段，来不断提高人类社会经济活动的社会、经济、生态效益和社会劳动生产率。

人类社会经济活动的分工领域也是一个十分重要的领域。人们通过企业内部分工、部门分工和地域分工，实现部门专业化与部门的优化组合、地域专门化和地域的优化组合相统一的合理的产业布局，最大限度地节约社会劳动，促进商品的流通与交换，加速世界经济的一体化进程，从而极大地提高了社会劳动生产率，促进了产业的迅速发展。

4. 劳动地域分工促进生产力的发展

在人类社会经济（产业）活动中，提高社会生产力的途径是多方面的，而劳动地域分工则是其中的一个重要方面。

在前资本主义时期，自给自足的自然经济占主导地位，劳动部门分工和劳动地域分工都不发达，各个地域几乎都生产相同产品，即使生产不同产品，也主要是为了满足当地的需要，而地域之间的经济联系很薄弱，生产力水平较为低下。发展到资本主义时期后，由于当地产业部门的发展得到了深化，同时在地域分工方面也得到了优化，这已经成为当时社会上的普遍现象。在这样的情况下，各个区域都可以充分发挥自己的优势，在某一区域集中发挥自己的领域优势，集中生产一样或几样商品，随之与其他的区域进行商品交换。这样的商品生产和交换方式，可以将生产优势集中到一定的区域范围内，这样就可以在一定程度上将社会劳动时间减少到最低，社会的劳动生产率自然就会得到提升。

通过研究发现，社会分工与生产之间的关系就是：生产与分工是分不开的，想要生产得到发展，就一定要进行分工，同时劳动分工又会造成生产的接续发展，也就是说按照生产—分工—生产发展—进一步分工—生产再发展的模式发展下去。

5. 劳动地域分工推动世界经济一体化形成发展

众所周知，在社会上人类的经济活动中，联系得最为紧密的两方面就是分工和联系了。首先，联系的基础就是分工，同时分工的精细化程度越高，自然也就会形成越大的分工规模，区域间的联系自然就会变得紧密。在当时的前资本主义后期，首先会在国家的小范围内形成"小地方市场"的"网络"，当资本主义的发展逐渐成熟后，国家的分工体系已经发展得十分完善了，在国家内已经形成了城市、经济区和国内市场的关联体系。随着地域分工理念在世界范围内建立起来，也形成了世界市场体系和全球国际分工体系，以至于最后形成了十分复杂的世界经济体系。

6. 劳动地域分工呈现新形式与新特点

随着新科技革命的发展，部门分工不断细化，同时，综合集成趋势也愈发明显。部门分工深化主要表现在产业链的延伸及新部门的产生上。同时，伴随着电子通信技术的广泛应用、现代物流业的兴起，多部门的联系与集成得到实现。

地域分工出现了许多新的地域组织形式，并具有许多新特点。跨国公司是新形势下出现的新事物，对国际地域分工与跨国公司总部所在国家的地域分工均有深远的影响。区域集团化的新发展，以欧洲联盟与东南亚国家联盟的迅速发展最为典型。随着信息技术的发展和信息流动与产业的结合，网络地域系统将会成为经济地域系统中新的地域组织形式。

（二）劳动地域分工的经济地理内涵

人类社会最主要的经济现象是"所有制"。

劳动地域分工机制中十分重要的一部分就是社会生产力；同时在各个区域之中，它们的社会、文化和经济等诸多要素都是进行社会劳动分工的前提；而进行劳动分工的最终目的就是要形成更为丰富的社会资源和社会效益。对于劳动地域分工而言，最为重要的物质内容就是产业（结构）和产业空间结构，而带动地域分工机制正常运行的动力就是经济地域运动，它们进行运动的表现就是经济地域（系统）的产生。

1. 劳动地域分工形成发展的动力机制和利益取向

要想进行劳动地域分工，最为根本的动力基础就是社会生产力，而本身分工又会作用于生产力，二者是相互交融，相互影响，相互作用的，只有这样才能共同促进社会经济的持续健康发展。而对于劳动地域分工而言，它最终所追求的目标就是获得极大的社会、经济和生态效益，这当然也是促进劳动分工机制正常运行和工作的基础动力条件。

通过研究分析得知，在不同的社会经济条件下，是会形成不同的劳动地域分工机制和利益取向的，具体内容如表 1-2-1 所示。

表 1-2-1　不同的社会经济形态条件下劳动地域
分工形成发展的动力机制和利益取向

社会经济形态		生产力发展阶段	分工形式	分工的利益取向
原始社会	氏族社会	渔猎、采集经济、火的发明	自然分工	为了维持最低生活
	氏族社会末期	向农业社会过渡，铜器的应用	三次社会大分工	通过部落间的交换实现最低生活需要
农业社会		铁器的应用，农业、手工业与工场手工业的发展	手工业与工场手工业的分工，形成初级的地域分工	通过商品贸易获取经济利益
工业社会	第一次科学技术革命（产业革命）	蒸汽机的使用，大机器生产、煤铁时代	工业部门的大分工，现代工业城市广泛出现，地域专门化的发展	通过大分工获取最大的工业利润

社会经济形态		生产力发展阶段	分工形式	分工的利益取向
工业社会	第二次科学技术革命	电力的应用，石油与有色金属的应用，现代农业开发	众多新工业部门出现，农业分工的发展，国内市场的形成，国际分工的发展	全面获取产业（一、二、三产业）的经济效益
	第三次科学技术革命	核能与电子计算机的应用，石油时代	部门分工的细化与国际化，网络经济，国内与国际分工深化与世界经济一体化	追求规模经济效益，开始重视生态环境效益和社会效益
知识经济阶段		新能源与新材料，知识时代	世界新的分工格局	实现经济、社会、生态效益的三者统一

如表 1-2-1 所示，我们可以看到，人类社会分工的动力是生产力，其中最为主要的是发明与科技创新。在资本主义社会以前的人类社会发展的上百万年的过程中，由于生产工具变革十分缓慢和停滞不前，分工发展十分缓慢。火的应用改变了人类的生活条件，但对生产条件改善甚微。铜的应用初步改变了农业和手工业条件。铁器的应用是农业社会生产力发展的基础，在漫长的农业社会中，由于没有其他重大的技术创新，农业社会生产力长期停滞不前。蒸汽机的发明，电力的应用，核能的应用，由此而来的大机器生产和电子计算机的应用及交通运输工具的不断变革，使近300年的工业社会发生了天翻地覆的变化，从而实现了部门与地域的大分工。到了知识经济社会，这种分工还会以新的形式向前推进。

在生产力的带动下，人类社会的分工，不断地由简单到复杂，由低级到高级，分工的利益取向不断扩大，最后实现经济、社会、生态的协调发展。

2. 部门分工是劳动地域分工的基础

部门分工是社会分工的基础，也是劳动地域分工的基础，资源的开发和地理环境的变化与部门分工的发展状况直接相关。

回顾人类的发展史，就是一部部门分工的历史，从自然分工到三次社会大分工，进而到产业革命之后的部门大分工，直至形成当今世界错综复杂、五花八门的部门分工系统。

能源动力的变革、生产工具和交通工具的变革是部门分工的原动力，纵观科技和生产力发展及其推动部门分工的发展状况，可以看出：

第一，发明与科技创新是部门大分工的根本动力。能源动力变革是推动力，进而带动生产工具的变革和交通工具的变革，在此基础上，带动了部门分工。

第二，部门分工的内容与水平直接受能源动力变革及其状况的制约。如前资本主义时期，能源动力为人力、兽力和水力，除生产工具和交通工具与此相适应外，其主要生产部门为农业、畜牧业、手工业和主要以水力带动的工场手工业。第一次科技革命则以蒸汽机的发明与利用和煤铁的大规模开发为标志，带动了现代纺织工业、煤炭工业、钢铁工业和机械工业部门的形成以及蒸汽火车、轮船等现代交通工具的出现。第二次科技革命以电力、内燃机为主，从而带动了电力机械和内燃机械等生产工具的出现。在此基础上，才能出现内燃机车、电力机车、汽车、飞机和内燃机船舶等现代交通工具。这样必然促进石油工业、天然气工业、电力工业、有色金属工业、化学工业、汽车工业、船舶制造业、飞机工业、现代农业（农机工业的带动）和食品加工业等部门的形成和发展。其他阶段的情况与此同理，在此不再赘述。

第三，第三产业状况直接受生产力发展水平与部门分工状况所制约。如前资本主义时期，只能形成商业与饮食服务业。到第二次科技革命时期，众多新生产部门必然促进航空业、公路运输业、远洋运输业、通信业、旅游业、金融保险业和科技教育等新的第三产业部门的形成与发展。

第四，能源动力、生产工具、交通工具、主要生产部门与非物质生产部门的形成与发展是渐进的，几次科技革命则是质的飞跃，把发展推向一个新的阶段。总之，生产力的发展和部门分工的深化，就是在量变与质变过程中向前发展的。需要指出的是，生产力与部门分工的发展具有叠加式和继承性特点，新的生产力和主要部门的形成并不意味着已有的消失，而是继续发挥作用。在当今的后进地区，前资本主义时期的生产工具与生产部门的存在就是很好的说明。只有在社会经济不断发展，旧的生产工具可能被逐渐淘汰的时候，老的生产部门才会不断地运用新技术进行武装，并改变其面貌。

3. 地理条件与社会分工

地理条件包括自然条件、经济条件和社会条件，即社会分工的地理环境和资源环境。地理条件差异是社会分工（包括部门分工和地域分工）形成发展的基础。

社会分工与地理条件两者同属社会历史范畴，是一个动态概念。如前所述，社会分工的水平和内容随着生产力的不断发展而不断提高和复杂化，而生产力的不断发展和部门分工的不断深化（新部门的不断形成），对地理条件又不断地提出新的要求，许多新的资源陆续投入社会分工中去，地理条件（包括资源条件与地理环境）也在不断地被改变着。

在原始社会的发展末期，人类社会的分工逐渐由自然分工向社会分工转变，而早期产生地域分工的基础就是地域间的自然条件差异。在当时，由于本身不同区域的地理差异，不同区域保障人类生存的物质条件是不同的，有的是以农业为基础，有的是以畜牧业为基础。也正是由于这样，每个地域所生产的商品自然也是有所差异的，不同地域间就开始了商品交换，这就是早期在地域间所开展的分工和产品交换活动。

在农业社会，社会分工的地理条件，主要是农业自然条件，其中土地、气候与水资源是地域分工的主要条件。此外，还投入了区际商品交换的铜、铁、金、盐等矿产资源。原始的交通条件和一定数量的人口条件，也为地域分工提供了前提。农业社会对自然环境的破坏，主要来自毁林开荒及其造成的水土流失。

工业社会是部门大分工和资源大开发的社会。以蒸汽动力变革为代表的产业革命，带动了煤、铁资源的广泛开发和棉花种植业与养羊业的发展；由于工业城市雨后春笋般的发展，带动了建材原料的开发。以电力和内燃机的广泛应用为代表的第二次科技革命，带动了石油、天然气、铜矿、铝矿和化工原料的开采，煤、铁、森林资源等的进一步开发。以原子能和计算机为代表的第三次科技革命，把有色和稀有金属矿的开采推到首要地位；由于经济的快速发展，上述工业资源的开采也有增无减，农业用地也在不断扩大。工业大发展和资源的过量开发，造成了全球性的环境、城市与资源问题。

第四次科技革命以信息技术革命为标志，将改变工业社会的生产方式，信息产业将成为首要的产业，新能源、新材料、生物工程与海洋工程等将会形成新的重要产业部门。

总之，人类进入工业社会以后，由于社会分工和商品经济的发展，工业资源对社会分工的影响不断扩大，而每次科技革命都使一些新的矿产资源投入劳动地域分工中去。位置与交通信息条件，人口与劳动力条件，尤其是高素质的劳动力以及经济条件与社会条件等，对社会分工的影响日益增强，而自然资源的影响作用将会不断减弱并具有新特点。

社会分工不是一个纯抽象的经济学概念，而是一个与地理条件紧密结合，包含丰富地理内涵的、动态的物质实体。

4. 不同时期的劳动地域分工

劳动地域分工是劳动社会分工在地域上的体现与落实。在科学技术及生产力发展的推动下，部门分工主要体现在产业部门的增多和部门联系的日益密切上；地域分工主要体现在地域专门化趋势上。

（1）前资本主义的地域分工

早期的地域分工是从原始氏族社会末期开始的，由于各部落所处的自然条件不同，位于森林地区、临近河流地区以及地处草原地区不同部落间的产品在出现剩余之后开始交换，从而为三次社会大分工提供了基础和条件。

其实，早在奴隶时期，就已经出现了最为原始的社会分工了，也就是早期的三大部门：农业、手工业和畜牧业，以及最早的城市。在这一时期，地域分工的主要特点就是在不同地域间、不同生产方式区域间交换方式的区别，也反映在各地方（行省）向中央纳贡的地域分工关系上，这些贡品主要是手工业品。

众所周知，在我国古代的封建社会中，主要采用的生产方式就是耕作，也就是说是以农业生产为基础的，从本质上来看是自给自足的封建社会经济。在当时，由于科学技术十分有限，社会生产力也难以跟上当时人们的生产生活需求，这就导致了在那个时期的地域与部门分工都进展得十分缓慢。畜牧业和手工业对农业的依附还很大。由于封建社会维持着自给自足的自然经济，商品交换不发达，只有铁制农具和食盐等生产生活必需品才是广泛交换的商品。

在当时的封建社会中，地域分工难以发展，在当时的各个区域没有自己的特色，都具有相同的经济生产内容，经济生产也十分封闭，是由许多的经济生产单元组成的。在当时，各个经济生产单元的主要组成部分就是城（乡）镇、手工业作坊及其周围的广大农村，各个单元之间很少有分工与联系。

（2）三次科技革命时期的地域分工

在第一次科技革命时期，逐渐有钢铁、煤炭和机器制造等产业出现，在这基础之上，以工业为基本生产类型的城市也逐渐发展起来了，由此地域分工开始逐渐向一个新的方向发展起来了。在这期间，还出现了工业向煤炭产业发展的情况，甚至还出现了大量以工业专门化生产为基础的城市的出现，地域分工体系也在不断拓展和完善，分工程度逐渐深化，还有农业和综合性的经济区发展起来了。

在第二次科技革命时期，国家的相关工业生产主要使用的机械是电力和内燃机，在这样的基础上，国家的电机和金属生产等部门也开始发展起来了。在这期间，还有基本化学和煤化学等新兴产业得到了发展。不仅是工业领域，在农业领域有拖拉机等现代化机械也乘着工业浪潮实现了新的改革。

在上述的劳动部门分工的基础上，这期间的地域分工主要具备以下特点：国家的工业领域发展逐渐向经济较为发达的地区集中，其中尤以电力和交通条件比较优越的地区比较受欢迎。在科技革命时期，主要的发展趋势就是工业聚集性，同时农业也开始向商品化趋势发展，因而农业也逐渐向专门化趋势转变。除此之外，在一些综合性质的经济发展区，经济发展十分迅速，还有一些国家甚至还形成了经济区系统，由于地域分工的深入发展，在一些特大城市及其周围地域开始出现城市群，特大城市与周围地域之间已经形成经济有机体。

第三次科技革命的特点是原子能和电子计算机的发明和广泛应用，如宇航工业、生产自动线、原子能工业和合成化学工业等新兴工业部门开始发展起来了。以信息产业为代表的，具有高技术含量的第三产业发展方兴未艾，从而把地域分工又推向一个新的阶段。

这一时期地域分工的主要特点有：

①在（非）能源动力基地的分工和产品加工与消费区加工的分工基础之上，地域范围内的半成品与零部件分工发展速度是十分迅速的，尤其是高技术产业上游部门与下游部门在分布上的分工更为突出。这样就进一步加强了世界经济联系，推动了世界经济一体化进程。

②从世界范围上来看，跨国公司的出现推动了国际领域内分工的发展。在跨国公司内部分工细化的基础上，还推动了世界经济一体化的发展。

③信息技术参与人类的经济活动，使地域分工呈网络化发展趋势，缩短了经济空间的距离，形成了网络结构的地域分工模式。

④第二次世界大战后，由于工业化和城市化进程的加速和高速铁路、高速公路和高速大型船舶的出现，在劳动地域分工组织形式方面，除经济区、城市群等

进一步发展外，又出现了经济地带、城市地带和多国合作开发区（在西欧、北欧、东南亚与东北亚）等新的地域组织形式。

二、经济地域运动理论

（一）经济地域运动的内涵

经济地域运动的行为主体就是经济地域系统，而具体的行为过程就是系统在成分、功能和性质等时间序列的排列过程中，所进行的有机空间演变。

而所谓的劳动地域分工就是从分工的角度来看待经济地域运动，以此为基础摸索出了一套适用于地域系统的规律。我们仔细研究就会发现，经济地域运动也是从经济地域要素的角度来看待这一问题的。综上所述，前者是从纵向的角度来揭示客观规律，而后者则是从横向的角度来揭示的，反映了其内部所存在的客观规律性。

（二）经济地域运动的基本要素

经济地域运动的基本要素其实归根结底就是物质要素，而这类要素都是人们日常的生产生活所必需的，它们都是直接参与到经济运行的过程之中的，对于社会的经济发展有一定的促进作用。

1. 土地与建筑物要素

从概念上看，土地所囊括的方面其实是非常广泛的，如森林与林业用地、工业用地和交通用地等，都是属于此类。我们往往会将土地看作是经济地域运动开展的基础要素，人类的产业活动都须在土地上（包括一些水面）进行，通过诸要素的地域流动组合，有的土地上产业密集，有的则产业稀疏，形成不同价值和级差地租的局面。

土地虽然不能移动，但通过物质要素地域流动所形成的各种经济（产业）形式，随着其产业的不断密集，其所承载的土地价值也不断增值。

建筑物是不动产，其使用价值受可流动要素的组合状况所制约，房地产开发与价值的不断攀升则是强有力的说明。

2. 人口与劳动力要素

归根结底，人类进行经济活动的主体就是人口，而其中最为活跃的因素要属生产力。这是因为，在一定程度上人口既能代表活动的开端（生产），又能代表活动的结束（消费）。换句话说，经济活动是由人类来完成的，但是最终开展经济活动的目的就是为了消费。

在经济地域运动过程中，人口与劳动力也是最活跃的主导因素。人的流动，带动区域开发、区域成长与区域消费。人口劳动力集科技、观念、素质于一身，其流动不只体现在一般人口与劳动力的流动上，也体现在科学技术、文化、观念和人口素质与管理经验的流动上。

体现不同职业和水平的劳动力，在流动组合形成企业、部门或城市等过程中，起到劳动力、科技人才和管理人才的作用。随着科技要素在区域发展中的作用日益突出，人才的流入与流出对区域经济的影响日益加大。

3. 生产资料与生活资料要素

生产资料要素与生活资料要素是经济地域运动中物质流动量最大的两个要素。生产资料体现在生产这一侧面，包括生产工具、设备、能源、原材料、生产资料产品以及农业中的种子、农机具、肥料和种畜等。生产资料的地域流动与组合是社会生产力发展的基本要素。工业企业只有靠设备、能源和原料才能维持正常的生产活动，农业需要依靠农机具、肥料等从事农业活动。

生活资料也是大宗物流，主要是为满足人类多方面的需要与消费。生活资料主要包括粮食、肉蛋奶、蔬菜与水果、衣物与鞋类、其他轻工电子产品、燃料、电力，以及文化娱乐产品等，是为满足人类衣、食、住、行、娱等各方面需要的。生活资料在经济地域运动中，尤其为了达到人类的消费目的，发挥着重要作用。

总之，生产资料与生活资料是经济地域运动中流动量最大的要素，也是构成人类经济生活的物质基础。

4. 资金要素

人类的经济活动离不开资金，它是人类经济活动的保证条件。资金要素在人类社会经济生活中的作用与日俱增。农业社会土地与劳动力条件作用突出，资金要素数量有限，作用不大。到了工业社会，资金需求量迅速增加，其作用日益提到首要地位，发展高新技术产业更需要庞大的资金支撑。发达国家资金剩余，急需输出资金，使其增值，发展中国家为了进行经济建设，急需资金，需要国外投资。近些年来，资金流动速度明显加快，成为左右世界经济的重要力量。

在未来知识经济时代，资金将与科技一样，在经济地域运动中起主导作用。

5. 科技要素

科技要素的作用随时间的推移而不断增强，在目前的经济地域运动中，科技要素代表社会经济的发展方向，成为区域创新的首要力量。科技要素具有自己的特点，其作用主要体现在三个方面：第一体现在设备方面，往往都是那些具有高新技术含量的设备；第二体现在人才方面；第三体现在科技信息方面。上述三方面的流动均体现了科技要素的流动。人才的集聚、先进的生产设备和便捷的科技信息则是区域创新的首要条件。科学技术在经济地域运动中的地位，反映在区域经济的发展速度与发展水平上。

6. 信息与管理要素

信息与管理体现了新时代的特点，信息主要是通过计算机网络实现的。信息包括科技信息、商业信息、生产信息、流通信息、消费信息和金融信息等。这些信息都是由信息源流向信息需求地。信息流动十分快捷，它对产业、经济地域的成长起着重要的促进作用。

7. 文化观念要素

文化观念受地理环境、民族状况和人的素质的直接影响。先进的文化观念和民族文化传统对区域经济影响很大。先进文化的流出对后进地区的开发起到带动促进作用，而后进文化观念对区域开发的阻碍与滞后作用不容低估。文化观念流动主要表现在人的流动和通信信息的传播上，当人们开始频繁进行文化或旅游交流活动时，是可以在一定程度上促进文化观念的不断流转与进步发展的。众所周知，要想我国的经济地域系统能够不断向前发展，文化观念不失为一个很好的入手点。

如图 1-2-1 所示，基础要素其实是其他流动要素的载体形式，而在地域运动过程中，最为重要的就是人口与劳动力、资金和生产资料与生活资料，剩下的文化、科技和信息等要素都是要通过人口的依托才能够完成的。由此看来，推动经济活动开展的不可或缺的因素之一，非人口劳动力莫属了。

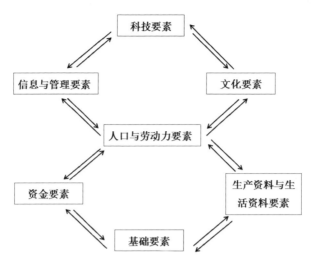

图 1-2-1 基本要素与经济地域运动的关系图

（三）经济要素地域流动

单项的、静止的要素不能构成产业，其只有经过流动并与其他要素组合才能形成产业并创造价值。

在经济地域运动中，基本要素可以概括为几个要素流，即人流、物质流、能源流、资金流、技术流、信息流和文化流。这些要素的流动呈现出一定的轨迹，受市场需求及政府宏观调控作用（体制、政策、法律）以及地理环境和运动载体的影响与制约，物质要素的流动组合均要落实在具体土地上。

1. 要素流动轨迹

人类活动的经济地域运动的内容、范围、程度是不断复杂、扩展与深化的。

在原始社会，地域流动的主要物质内容是原始生活资料，它实现了部落之间简单的产品交换，其运动的载体是人本身（肩扛、人挑），受自然条件的严格限制，人类活动的地域范围极其狭小。

自原始社会后期至封建社会后期，农业、手工业、城镇与商业是其社会经济的主要内容。地域流动的主要内容仍以生活资料为主，少量的农业生产工具、贵金属和奢侈品也在一定地域范围内流动。畜力、车、船乃至人力本身成为地域流动的载体，地域流动的范围比以前扩大了。地域流动的主要形式：一是农民和简单农具与土地的结合并从事家庭手工业，其经济活动的范围则在农户周围；二是游牧民族与广阔草原的结合，逐水草而生，其活动范围较前者要广阔；三是农民与手工业作坊和城市商业的结合，以获取必要的生产工具与手工业品，由于经济条件和交通条件限制，这种活动是有限的；四是少数商人乃至传教士的活动地域范围较广，成为传播文化、传授技术、推销产品的主要力量；五是战争成为人口大规模迁移的主要因素，对宗教文化的传播和生产方式的变化影响很大。这一时期，自然条件对经济地域运动的阻碍还是很大的。

而工场手工业则是在历史上开创了所谓的水力时代。当时的工场将水作为主要的"运动"能源，除此之外，运送货物或原材料也同时会选择从水路上进行。由此我们就可以推测出，为方便当时的动力机制的完善，当时的工场都会选择建设在河流的两岸，这样工场的主要运输通道就变成了水路和近海，经过这一时期，经济地域的运动范围也随之有所扩张。

产业革命开辟了蒸汽动力时代，使经济地域运动的物质内容、载体和运动方式都发生了很大变化。这一时期，经济地域运动轨迹的特点是：蒸汽火车的发明带动了当时煤铁工业的高速发展，同时也带动了铁路修筑工作的高涨进行，人们因为有了蒸汽火车开始进行了一定范围的人口迁移，有更多新兴的工业城市以及新兴产业都是在这一时期出现的；蒸汽轮船的发明在一定程度上促进了当时的远洋航运，迈向新大陆的移民狂潮自此开始，开始有源源不断的棉花和粮食等物质输送到工业城市之中；除此之外，还有诸多要素的流转，也从侧面促进了工业的快速发展和人口集中化运动的进行。

第二次科技革命进一步加快了经济地域运动的速度，主要是由电力和内燃机动力使地域内容增加和运动载体速度加快形成的。具体表现在：石油与有色金属大规模开发带动了许多新的工业部门的形成与发展；工业开发的广度和深度都增强了，形成了一批企业，并使企业规模不断扩大；诸要素进一步向城镇、新的工矿开发区与农业开发区集中；出现了城市群、大的能源基地、原材料基地和农业基地。

第二次世界大战后，以原子能与电子信息应用为代表的第三次科技革命把经济地域运动推进到一个新阶段。

（1）经济地域运动的内容日趋复杂化与多样化

首先，能源、原材料、粮食与矿建材料和木材等大宗物流，在数量上继续增加，流动更为频繁，仍不失其在物流中的基础作用。但是，技术含量高和高附加值的产品和零部件的流动更为频繁，质量不断提高，其产值增长十分迅速。

其次，金融资金的流动速度明显加快，其流动量大幅度增长，在世界经济和区域经济中发挥着主导作用。资金流动对发达国家和发展中国家都是非常需要的。

再次，科技、信息与管理经验的流动速度加快，其作用明显增强。技术更新、知识更新的速度明显加快，信息网络促进了其传播速度。它们已成为经济地域运动和区域发展的创新力量。

最后，人口在地域流动中的作用明显增强。人口集科技、信息、管理经验和文化观念于一体。世界范围的旅游业加速了人的流动。人口的流动即生产力的流动，尤其是人才流动，对各国经济影响很大。

（2）经济地域运动的载体更加多样化

除传统的载体（各种运输工具包括管线）以外，网络传输在地域运动中的作用日益突出，主要体现在非物质要素在地域流动和经济地域系统形成发展中的作用明显增强。

人的载体作用增强了，人的流动不只是生产者和消费者的移动，更主要的是知识的流动和信息的流动。

（3）要素流动地域组合形式的新特点

第二次世界大战以后，由于科技革命和社会经济的迅速发展、要素流动速度的不断加强，全世界已经形成十分复杂的经济地域系统。

就世界范围来看，已经形成经济地带系统、经济区系统、城市地域系统。城市地带与城市群迅速发展，产业集聚与人口集聚都在加强，与此同时，分散化也在发展。

地缘经济地域系统与网络地域系统是世界经济地域系统的新发展与新事物。以前，虽然也存在零星的跨国经贸区，但是，现在已形成一个世界地域系统，大的如欧盟与东盟，小的如两国之间的地缘经济区。网络地域系统还处在形成发展过程中，许多内容有待深入研究。

跨国公司与物流系统是经济地域运动的新形式，把物质生产领域与非物质生产领域集合于一体，进行全世界范围的资金、技术、信息、管理与设备流动，成为推动世界经济一体化的一股重要力量。

2. 要素地域组合的新形式

要素流动是一个过程，某种要素只有与其他要素结合或到达消费者手中，才能形成产业或实现产业的目的。要素地域组合的形式，随着生产力的不断发展由简单到复杂，类型多种多样。

随着科技革命的不断深入和生产力的迅速发展，要素流动速度的不断加快，其流动组合反映出许多新的特点：其一，非物质要素的流动速度明显加快；其二，物质要素与非物质要素的组合出现了新形式，如高技术园区、现代物流园区、跨国公司和循环经济园区等。

高技术园区代表世界各国各地区科学技术新的发展方向，如美国的硅谷、我国的中关村。它将高新技术研发、科研机构与高等院校集聚于一体，相互密切联系，互为促进，推动生产力迅速向前发展。

现代物流园区以通信信息产业为龙头，集交通运输、电子商务、中介、仓储、销售和加工包装等于一体，对区域经济的发展将起到越来越大的作用。

跨国公司形成时间较早，还在不断向前发展，既包括生产型，也包括非物质生产型，如商贸、科技等。其地域组织形式如总部、研发、生产、组装等，均随着经济、社会利益的变化而变化。

产业集群一词应用广泛，而循环经济园区则是新形势下的新的产业集聚，其核心是在一定地域范围内不断延伸产业链，实现对资源产品的加工与深加工，最终做到零排放、零污染，实现循环经济。

（四）经济地域运动的影响与制约因素

1. 影响因素

生产力是经济地域运动的总动力。生产力的发展与经济地域运动密切相连。有了早期生产力的初步发展，才出现早期的分工与经济地域运动。随着生产力的发展，分工与地域运动的水平不断提高且日益复杂化，而分工与地域运动的发展反过来又促进生产力水平的不断提高。

在一定程度上，地域分工的主要影响因素就是不同地域间本身在自然和文化等元素所固有的差异性，这其实也可以被认定为经济地域运动产生的主要和直接原因。

没有地区差异以及由此而导致的以产品和商品交换为前提的地域分工，就不可能产生生产力诸要素的地域流动，即经济地域运动。分工越深入，地域间的流动越频繁，流动的力度也就越大。

而经济地域运动所产生的具体原因，经过研究发现，其实是区域引力和排斥力。所谓的经济地域运动就是依靠上述二者的能量才得以正常进行，才能够不断向前发展。

经过深入研究分析发现，经济地域运动的驱动力则是经济利益，生产成本和利润等元素都可以称之为经济利益，但是随着人们思想的进步与解放，人们逐渐认识到一个国家的社会效益和生态效益才应当成为经济地域运动所追求的最终目标。

2. 制约与障碍因素

经济地域运动是应按一定规律向前发展的，但在运行过程中要受许多因素的制约与阻碍。

（1）自然条件的阻碍

在人类刚开始进行一系列经济活动的时候，受到的最大的限制就是大自然了，当时的人们在科学技术方面的研究还尚不深入，虽然这类限制随着日后人们在生产和交通工具等诸多元素的发展下不断被削弱。但是，从现在的发展状况来看，经济地域运动受到自然因素的影响仍然是十分大的，主要表现在以下几方面：

①影响地域运动的内容

类似能源、原材料和林业等领域的基地，是可以在一定程度上影响到世界物流的趋势和走向的。而那些直接影响到要素流动组合形式的因素就集中在自然资源上。

②自然条件影响运动载体的种类和力度

举例来说，因为在陆地和水路上所使用的交通工具的不同，在平原和山区等进行运动时的速度和力度自然是有所不同的，山地或沙漠地区流动的阻力是很大的。

（2）生产力发展水平的影响与阻碍

生产力发展水平低的地域，其物质流动的内容多为初级产品和劳动力等低层次的内容；发达地区地域运动的主要物质内容则多是高附加值的机械与零部件、高频率科技信息流动等。在一定程度上，本身由于生产力发展水平的影响，导致高水平的物质流在流进落后地区时就无法发挥自己的能力，这其实是因为当时的落后地区在高新技术设备和优秀人才等方面的缺乏，以致无法为日后高科技的发展提供良好的经济基础。因此，在不同的生产力发展水平的地域之间的物质流动将是一个渐进的过程，除个别有条件的地区有可能跳跃式流动除外，一般将受到生产力发展水平的限制。

（3）流动载体的阻碍

载体是地域运动的保证，载体的状况与地域物质流状况呈正相关。有些地域资源十分丰富，但由于交通条件落后而得不到开发。由于交通、通信、信息条件落后，直接阻碍物质流动，严重影响区域开发。载体条件落后直接增加运输成本，使产品缺乏竞争力。

（五）经济地域运动规律

1. 非均衡运动是经济地域运动的总规律

非平衡发展（不均衡发展）是世界各国各地区的经济发展史和当今世界经济的发展态势和规律。奴隶社会及封建社会强国，如古埃及、古希腊和古罗马等，在各自的发展过程中都逐渐衰落下来，被一些后起的资本主义国家超过；而资本主义强国如英国、德国、日本、美国的国力强盛度排名不断更替，充分说明世界经济始终是沿着不平衡规律向前发展的，就一国的情况而言也是如此。例如，美国首先从东北部 13 个州开始发展，进而向西推进和向南发展；俄罗斯经济从其欧洲地域的中北部发端，不断地向南和向东推进。

在一定程度上，由于社会上自然、经济和技术等因素的发展，促使了社会上各个要素的流动，这也是导致经济地域运动不平衡的原因所在。经过研究发现，经济地域运动所产生的物质基础就是自然，但是由于不同地域空间中的自然条件本身就具有一定的差异，由此最终所产生的自然资源赋存状况也有好有坏，因此，各个要素的流动就主要向自然资源略微丰富的地域聚集。

经济地域运动的经济基础就是经济条件，它也在一定程度上反映了当时社会的生产力发展水平。众所周知，一个地域空间内的基础设施和交通状况等因素都是可以反映出一个地域的经济条件的。往往不同地域的经济差异主要集中在国内生产总值和人均收入的差异上，同时经济条件又会影响物质流动，而流动的方向总是集中在经济条件较为优越的地区。而经济地域运动的社会基础，则是社会条件，对于自然条件优越、文化积淀深厚的地域，物质要素也会倾向流动于此。

总而言之，只要具有上述区域差异，就会导致经济地域运动的进行，也就是说在这期间一定有要素的流动和组合，这一过程是生生不息的，也会不断推动社会经济的持续发展。

非均衡的经济地域运动的总规律通过集中与分散规律、梯度推移规律、区域整体演进规律和经济地域一体化规律等具体规律表现出来。对这些规律的认识与把握，有利于我们正确认识经济地域及其系统形成发展的客观规律性，并为我们自觉地参与区域开发活动提供科学依据。

2.集中与分散规律

（1）集中与分散的推动力

经过分析得知，要素推动经济地域发展是离心力和向心力互相作用的结果。当一个经济地域同时在交通、经济、文化等元素极为优越，就在一定程度上说明了是会对物质要素产生吸引力的，这会在降低地域发展成本的同时，增加输出和收入，在这一过程中，发挥主要作用的便是向心力。但是，经过研究发现，当一个地域中的向心力作用小于离心力时，就会导致经济要素产生扩散现象。当物质要素聚集于一个经济地域之中时，就会使得这一区域的经济实力大幅增强，当这种聚集达到一定程度时，就会使得扩散效应占据经济发展的主导地位，这就会使经济地域的范围得到扩展，不同经济地域间的差距在不断缩小，之后又会不断推动经济地域的发展，如此反复循环，就会推动经济地域运动不断向前发展。

（2）集中与分散的地域运动形式多种多样

通过对于集中运动形式的分析得知，所谓的集中多是以城市作为据点的，而这城市据点也多是集中在不同等级的城市之中，但是处于核心地位的仍是中心城市。当各个要素流向城市据点，就为城市的发展奠定了充实的物质基础，地域范围也在不断扩大，由此我们也将具有高度聚集的核心城市称作是增长极。在一个比较后进的地区，如果处在地理环境有利和位置、交通信息条件优越的地方，通过政策导向和人们的培育，大力吸引人流、物流、资金流，培育新的经济增长点，也会发展成为区域经济发展的核心和支撑点，人们称之为新的增长极。在一个较大的地域范围内，也有集中与集聚现象，如一个地区经济基础较好，基础设施完备，地理位置优越，具有较好的资源环境，那么它就可以从国内外吸引资金，从外区吸引劳动力和人才，吸引物流、能源流、科技信息流，从而迅速促进地区经济发展并不断地扩大地域范围。例如，我国东部沿海一些地方，尤其是上海和深圳地区已成为我国经济发展的增长极。

分散即扩散的地域运动形式也是多种多样，其不只是沿着主要轴线扩散，也是扩散效果最好的运动形式，很快又形成集聚效果，因此，又称之为点轴集聚。

除此之外，往往扩散都是沿着一定的交通线路来进行的，而针对扩散形式而言，就有诸如墨渍扩散、随机扩散和跳跃扩散等。但是由于本身地域经济运动的进行，就会使得在中心城市外围逐渐形成城市群体，或者是形成城市经济带等。

最后，针对面上的扩散来说，往往最后的结果都是形成网络载体，但是，是在以中心城市为中心据点进行轴线扩散的基础上才能完成的。在这样的作用之下，就要使物质要素的流动能够达到对于全部地域的覆盖，只有这样才能实现面上的扩散，但是这样的情况只有在经济较为发达的地域才有可能实现。

3. 梯度推移规律

梯度推移是一种非均衡运动，是集中与分散运动的另一种表现形式。通过世界各国各地区经济发展呈现的由点到面、在地域上不断推进的规律可以看出，地理梯度、经济梯度和技术梯度在经济地域运动中所发挥的作用一定是相当重要的。我们通常认为，地理梯度反映在实际的生活中，就是地理位置和地理条件。但是，众所周知，地理位置本身是多种多样的，如内陆、近海等，它们都各有不同。人类经济活动所受到的地理梯度方面的影响，往往都是因为地理位置和地理条件的好坏，因而人类的活动总是集中在条件较好的区域进行，进而再寻找到合适的时机向周围拓展。

经济梯度则是经济发展水平不同的反映，不同的生产力发展水平和产业结构层次折射出不同的经济梯度。例如，一国通过要素地域运动，形成生产力水平与产业结构的高、中、低的经济梯度。我国东中西三个经济带即是经济梯度的具体表现。

而所谓的技术梯度所反映的就是一个区域的科学技术水平，而技术梯度往往就是存在于科技源区与科技需求区之间。众所周知，在生产力的发展过程中，技术是在其中发挥着十分重要的作用的，而地理梯度和经济梯度也是技术梯度在某些层面上的反映，科学技术水平的高低也是反映技术梯度的一大重要部分。不仅如此，技术梯度本身也是可以反映出集中与分散的客观规律的，首先物质要素会向第一梯度聚集，当这种聚集达到一定程度后，就会向第二、三梯度扩散，最终才得完成技术推移的全部过程。

4. 经济地域整体演进规律

把经济地域作为一个整体进行分析，其自身也有运动规律，主要有要素流动演替规律、产业结构不断高级化规律和区域发展阶段演进规律等。

（1）要素流动演替规律

当各个物质要素聚集于物质条件富饶的地域，往往就会推动这一地区经济的发展。众所周知，在经济地域发展的各个阶段，各个要素所发挥的作用都是有所不同的。例如，在初期阶段，占据经济地域发展主导作用的应当是基础因素，也就是那些自然要素和劳动力要素。与此同时，随着地域经济结构的优化和升级，资金和交通要素开始在经济地域的发展过程发挥着更为重要的作用，之后，物质条件就开始逐渐向更为高级的科技和人才领域聚集了。由此看来，我们可将物质要素的演变规律概括如下：为自然资源与基础要素（土地、能源、原材料）和一般劳动力，资金、熟练劳动力和区位与交通条件，资金、人才、科技等这样一种发展模式。

（2）产业结构不断高级化规律

众所周知，在经济地域中占据着主要地位的就是产业结构。经过研究发现，一定区域范围内的产业结构是具有客观发展规律的，同时这与上述的要素演替规律相配合，就会在地域发展的初期阶段形成资源型和劳动密集型产业，但是由于当地资源随着区域的发展逐渐枯竭，这时主要是由于资源加工混合型产业结构占据主导地位，才导致了加工工业的发展，最终发展成了劳动与资金密集型产业。当产业结构不断完善与发展，产业结果发展成为加工型结构产业。

除此之外，还有一些区域由于缺乏工业资源，只得依靠地理位置和交通条件来发展产业。通过研究分析发现，往往初级的加工型产业都是集中在劳动和资金密集型产业，而发展到中期就成为资金和技术密集型产业，到了最后就是技术和人才密集型产业。

（3）区域发展阶段演进规律

经济地域的发展要经历缓慢发展阶段、快速发展阶段、稳定发展阶段、慢速发展与衰落阶段这样一个过程，而且在不同发展阶段上有不同的表现。经济学家提出的"S"形曲线、倒"U"形理论和区域经济发展阶段理论，阐释了区域发展阶段的规律。

在经济发展初期，区域原有的经济基础薄弱，要素流动也较缓慢，但总体上这一阶段经济持续增长，基础设施、产业基础和劳动力方面为经济的快速发展积蓄力量。

快速发展阶段：经过初始阶段，要素流活跃，各要素急剧聚集，区域走向迅速发展阶段，经济实力增强，对周围区域产生极大的吸引力，与外区的差距拉大。

稳定发展阶段：这一阶段，虽然要素流动仍活跃，区域经济发展仍较稳定，但经济发展速度已减缓，对周围地域的吸引力也开始减小。周围地区经济开始发展起来，区域间的差距开始缩小。

慢速发展与衰落阶段：这一阶段，区域经济扩散效应已经非常明显了，各个要素的不断流动使得该区域以外已经逐渐形成了经济增长中心，而这些新形成的增长中心又会不断吸引物质要素的流动，使之对物质要素构成一定的吸引力，这样就会对原本的区域发展造成一定阻碍。在这一时期，如果原本的经济区域始终无法创造出新的科技增长力，维持本区域的创新能力，那么最终的结果也可想而知了。

我们通常认为，经济地域的发展过程可以概括为创新的过程，从根本上来看，也是不断进行资金投入的过程，这一过程不断有新产品被研发出来，也由此可以推测出产业结构是在不断升级的。举例来说，如果一定区域范围内长期缺乏科技资金的投入和设备的更新，那么最终这个区域还是会走向末路。

第二章 区域经济发展的研究对象

本章为区域经济发展研究，一共包括四节内容，依次是第一节区域经济发展的本质与动力、第二节区域经济的发展模式、第三节区域经济的发展战略、第四节区域经济发展的影响因素。

第一节 区域经济发展的本质与动力

一、区域经济发展的概念

"发展"的内在含义是十分丰富的，它不仅可以表现出人们生活的丰富多彩和富裕，也可以表现出社会经济的增长，还有国家在政治和经济等方面的演进。众所周知，发展本身就是一个多方位、多层面的变动过程，不仅涉及物质层面，还有精神层面。从更深层次的角度来说，发展所代表的不仅是人类的进步，其中更深层次的内涵就是人类所进行的一系列的活动，像是政策措施和开发方案等都是如此的。从经济学角度来看，经济发展一般是被界定为在一定的区域范围内，实际的人口福利的增长过程，这不仅是财富的代表，而且还意味着经济在质的方面已经发生了变化，也就是说社会结构、产业结构和社会生活质量的提升等。从历史的角度上来看，学界中所认为的经济增长就可以理解为经济发展，或者也可以说是人民财富的增长。通常情况下，衡量经济增长速度的指标就是国民生产总值或人均国民生产总值的平均增长速度。在这时，对于国民生产总值的计算是必须要采用不变价格来计算的，以免受到物价变动的影响。由此看来，其实经济发展的内涵比经济增长的内涵要丰富得多。实际上，所谓的"增长"只是"发展"的基础。

区域经济发展指的是在一定的经济增长基础上，区域在经济、社会等诸多层面的结构的演进过程。由此看来，区域的经济发展所看重的不仅是经济规模的扩大，还有经济发展的内涵的扩大，尤其所针对的就是科学技术和组织管理层面经济效益的增长。归根结底来看，区域范围内的经济发展史是处于不断的变化过程中的，由此看来，其实短时间内的经济波动是不能反映出区域经济发展的本质内涵的。

概括起来，区域经济发展主要包括以下几个方面的含义：

（1）经济的增长。经济的增长是经济发展的基础，可以用国民生产总值或人均国民生产总值来测定。

（2）技术的进步。技术的进步包括工具和机械的发明改良、生产技术方面的知识增加、新产品的开发、劳动生产率的提高、资本效益的提高、生产成本的降低大批量生产技术的开发、产品质量的提高等。

（3）经济结构的完善。经济结构所包含的内容其实是十分丰富的，如生产关系结构、区域产品结构和区域空间结构布局等，这些会随着社会的发展逐渐发生转变，而发展的方向当然是向高级化的方向去发展。

（4）生产要素的积累。生产要素所包含的内容有社会资本、人力资本和自然资源等，随着这些元素的不断增加，就会达到满足人们生产生活的基本需求，从而保证区域内社会的正常运行。

（5）经济运行及其调控机制的完善与健全。区域经济发展所包含的不仅是区域范围内经济的正常运行和机制的升级完善，还有经济、社会、自然等系统的完善与自我发展，它们对于变化的适应能力也是在不断提升的。

（6）与外界经济关系的改善。对于空间范围有限的区域来说，靠自产自销是发展不起来的，要增加收入就得出售产品，开展对外贸易。同理，只靠区域内的资源是满足不了进一步的发展需要的。要保证生产资料的供应和产品的销售，就要发展与外界的联系，这是一个区域经济的开放性。与周边地区、与国外有稳定的协作关系，这是一个区域经济成熟的标志，也是今后发展的保障。当然，这种协作关系是有原则的，也是互惠互利的。

二、区域经济发展的动力

（一）自然资源是区域经济发展的重要基础

众所周知，自然是区域经济发展的一大制约因素，其中，我们将自然资源分为数量和质量两大方面，只有数量和质量都十分优越的自然资源才能够保证区域经济持续、健康的发展，才能保证为日后的经济发展奠定坚实的基础。从相反的情况下来看，资源十分缺乏，是难以保证社会的开发力度的，同时由于资源的质量无法保证，自然社会的经济状况就难以保证。

（二）人才资源是区域经济发展的第一资源

人才对于一定区域范围内具有物质和文化价值的资源是具有促进作用的，同时它也是促进社会生产与服务利益的核心能量。在长时间的科技发展过程中我们发现，人才在其中是起着非常重要的作用的，对于区域经济是有着很强的促进作用，想要发展区域内的优势产业和能力也是离不开优势的人才资源的。

由此，要想把握住区域内的人才优势，保证其对于区域经济的促进作用，就要及时抓住机遇，在合适的环境下最大限度地激发人才的潜在能力，这样才能提升人才的使用效能，才能促进当地区域范围内的经济和文化等领域的发展。

第二节 区域经济的发展模式

一、国内外区域经济发展模式

（一）国外区域经济发展的典型模式

1. 欧洲联盟

欧洲联盟是一个区域的经济一体化组织，在世界范围内也是成立时间最早、一体化程度最高的，也是颇具影响力和活力的。其实，欧洲联盟的前身是欧洲共同体，在1993年11月《欧洲联盟条约》的生效之时成为现在的欧洲联盟。它的核心推动者是德国和法国，是以制度化合作演进为基本特点的。欧洲联盟的主要机构有欧洲议会、理事会和欧盟委员会，除此之外还有欧洲法院和经社委员会等。

欧洲联盟的存在不仅统一了欧洲地域内的市场，还促使了欧元的产生，使得在此基础上货币交换和人员流动，以及商品流通等能够正常进行，这时区域内的自由贸易已经成为世界范围内一体化的最高水平。

经过了数十年的发展，欧洲联盟已经建立了关税同盟，以此为基础开始实行渔业、农业和外贸等方面政策的制定，欧洲的货币体系也至此完善和发展起来了。

2. 北美自由贸易区

北美自由贸易区主要有三个参与国家，分别为美国、加拿大和墨西哥，其实是在原来的美国和加拿大自贸区的基础之上扩大延伸出来的。北美自贸区是在1992年8月宣布建立的，自1994年开始正式实行。这是世界范围内第一个同时由发达国家和发展中国家组成的贸易集团。

众所周知，《北美自由贸易协定》的出现对于北美地区，甚至是整个世界的经济发展都是具有十分重大的影响的。它将关税和壁垒取消了，在一定程度上使区域范围内的贸易得以迅速发展，由此北美在世界范围内的地位大幅提升。

3. 日本雁行模式

日本雁行模式的内涵是，在战争过后日本率先完成了工业化进程，在此之后，就将其本身具有发展潜能或已经发展得较为成熟的产业转移到了亚洲的"四小龙"之中，随后又将那些已经发展成熟的产业转移到了泰国或菲律宾等地。到了20世纪80年代初期，中国的东部沿海地区也参与到了东亚的分工体系之中，而日本的"领头雁"形象自此被勾勒出来了，东亚经济发展的未来景象也被描绘得十分清晰。

与此同时，东南亚地区发生了大规模的金融危机，雁行模式又重新受到了人们的关注。实际上，在20世纪90年代之前，日本所奉行的这种经济发展模式一度为东南亚地区经济的发展带来了繁荣景象，成为世界的经济增长点。当中国的经济崛起后，我们发现要仍遵循以往的经济梯度模式已经是行不通的了，而当时的中国经济也为国际的分工发展奠定了基础，在一定程度上使得区域内的经济发展与以往的经济发展模式相脱离，新的经济合作模式应运而生。这时，以日本为领头雁的雁行模式不再受到人们的关注，逐渐走向末路，而随着中国经济的大幅增长，雁行模式逐渐被"大竞争格局"所代替。

4. 美国亚太扇形模式

之所以将其命名于此，是因为美国与太平洋其他区域内的国家的关系就好像是一把扇子，这把扇子以美国为基轴，从东向西方辐射，而扇子的主干部分就是美日同盟，位于主干两侧的三条射线则是美国与韩国等国家所组成的联盟。而在其中起到连接作用的就是亚太经济合作组织，这一联盟最终作用就是保持美国在世界范围内的地位。

（二）国内区域经济发展的典型模式

1. 苏南模式

"苏南模式"其实只是一种模糊的概括，主要针对的是无锡、苏州、常州一带的经济发展走向，而主要集中的地方就是我国的农村地区。其实，"苏南模式"所反映的是苏南地区的农村工业化，但这种工业化程度是非常低的，最先表现出来的就是简单的工业转移。在当时，有许多乡镇企业都开始购买城市中淘汰出的工业设备和其他的工业配套产品，这随之带来了两个主要问题：其一是产品本身的问题，它们的质量远远不够，在市场上是难以激起消费者的购买欲；其二则是表现在产业层面，如结构调整困难和升级成本大等。除此之外，在工业劳动力方面也存在很大的问题，这些乡镇企业的员工们基本上都来自乡村，在工业技能方面也十分欠缺，最终所表现出来的就是分散化的状态。随着市场化程度的不断加深，资源配置情况也逐渐向市场配置方向发展，但这就会引起苏南地区企业的不适应。但到了 1995 年之后，苏南地区的乡镇企业开始大规模施行产权制度改革，企业的控制权开始被重新分配，这也使得企业生产的低效率现象逐渐减弱。

2. 温州模式

温州模式，其实就是小商品经营模式，采用固定商品作出组合形式，主要覆盖的范围集中在日用品和其他相关联的范围，这也正是温州模式的特色之处。众所周知，在改革开放政策实行之前，温州地区本身的国有工业基础是非常差的，而农村集体经济力量也是十分薄弱的，由此就导致地方经济在当时的温州并不受到重视，同时由于农民们所具有的耕地是十分有限的，这些耕地生产的作物是仅够他们勉强生存的，由此大量的农民开始外出务工，以此为自己的谋生手段，这也就导致了温州地区积攒了大量的人力资本，这也为日后温州地区的制度变迁奠定了基础，也决定了最开始温州就是以家庭工商企业作为经济主体的。而同时因为家庭工商业内部的权责分布是十分清晰的，这就使得现在的产业拥有者是可以很好地将自己的产业传给自己的后人的，这同时强化了家庭单位，对于社会的发展起到了积极的作用和影响。

3. 浦东模式

浦东模式本身其实是具有十分明显的外向型特征的。在我国与世界进行经济交流的过程中，浦东其实是起到非常重要的连接作用的，而浦东模式则是一种外向型经济。在改革开放的初期阶段，国内市场在当时还是卖方，由于早期所培养出来的市场惯性，使得浦东的轻工业逐渐缺乏改革的动力，但是随着卖方市场身份的转变，这就导致市场化改革难度的加深。到了1994年，国有企业的面貌因为现代企业制度的重新制定和要求而有所改观，这也使得国有企业和其他企业成为具有活力的市场主体。随着市场体系的不断完善，上海浦东开始具有国际经济中心城市的服务、创新和集散功能，在这一时期，上海浦东新区开始不断开发，大量运用外资，这时浦东新区在经济、产业和开放程度等多方面内容都走在前列，对于全国的城市都发挥着示范作用，同时因为具有较为优越的地理位置和经济基础，为浦东的发展带来了极大的便利。

二、区域经济发展模式的设计

（一）典型区域的特性分析

经济发展模式的基础是区域自然禀赋和现有经济生活水平，只有不同类型的区域所选择的模式与其自然资源、现有水平相符，才能做到因地制宜，真正对区域经济快速持续发展、资源有效利用发挥指导和推动作用。

本节以几种典型区域构建经济发展模式为例展开叙述，主要包括：

（1）流域内在发展水平上占绝对优势的工业具备特定规模。

（2）农牧历史较为悠久，农牧业产品具备独特特征。

（3）区域内沿江、沿河港口较为聚集。

（4）区域内存在足够数量的历史文化遗产和风景胜地。

（二）以工业为主导的中心城市发展模式

1. 基本特点

（1）从工业出发，延伸产业链，进而推动区域整体进步

这类模式的依托基础是大中型企业，其核心为大中型骨干企业，且主要通过

资源、技术优势和配套产业的扩散来推动城市自身、区域联合等方面的发展。

（2）以中心城市的辐射作用影响周边区域

中心城市发展模式秉持区域经济的空间机构理论和经济辐射理论，大城市会对大流域的经济增长产生影响，这种影响会波及周边区域。经济理论中的经济辐射理论认为，所设定增长核心的中心城市与周边的波及程度越强，两者在空间上就越近。

城市经济辐射区指的是在产品流通、技术转让、信息交流、人才流动等各个社会层面，某一城市能够产生经济上的影响的最大范围，在这个范围区域里，城市的经济辐射力会主导周边地区的社会经济联系。城市的综合经济实力决定其辐射力，进而决定带动周围地区经济的效果和城市自身经济的辐射范围。

2. 适合区域类型

我们可以将中心城市发展模式称作增长极发展模式。以增长极数量和关联程度为标准，该模式可分为点极模式、点轴模式、网络模式三种阶段。

（1）点极模式

经济空间的组成部分为各个中心（增长极），不同中心（增长极）会产生不同程度的经济增长局面，从而经过各种渠道进行扩散，最终影响整个区域的经济发展。在区域的经济发展和实践中，点极模式将城市转变为区域经济中心或经济增长极，以此对其他边缘地区的经济发展产生积极作用。此外，点极模式对于开发落后地区比较适合。

（2）点轴模式

在部分增长极形成的情况下，增长极之间如公路、铁路、水路等起连接作用的交通干线会占据有利位置，引进一定量的投资后，经济发展的热电区域就会出现，不同增长极之间最终会形成经济产业带。在部分研究者的研究下，包括动力供应线、水源供应线等各类线状基础设施也成为上述内容中的交通干线，点轴模式也实现了很大程度的扩展，进而推动区域整体开发。此外，点轴模式对于具备一定交通条件、中心城镇具备一定发展基础的地区比较适合。

（3）网络开发模式

网络开发模式是以点轴模式为基础的高级形态开发模式。对于某一地区而言，如果其经济增长极的规模足够大，交通、能源、通信等基础设施较为成熟，各增长极之间保持紧密联系，其点轴空间会呈交叉状态扩展，经济产业带会通过网络分布，区域经济的发展速度将会加快。网络开发模式的适用对象是具备高经济发展水平的区域。

（二）特色、生态、节水型农牧业带动型发展模式

1. 基本特点

流域农业发展模式指的是将发展生态农业、节水农业作为目标，通过调整种植结构和农业产业政策的方式，推动流域农业整体发展。这种发展模式的特点是注重发展生态农业，开展退耕还林、退耕还草工作，改良不适合耕种或水土流失情况严重的坡地或山地，以此处理水土流失的问题，进而推动生态建设的发展。

2. 农牧业发展对水资源的主要影响

（1）过渡耕牧会导致水土严重流失，也会为水库带来淤积。一旦河流上中游的水土出现流失现象，整个流域的水质、航运、生态会遭受巨大冲击。

（2）用于灌溉的水量过大、利用效率不高，会严重浪费水资源。

（3）大量使用农药化肥会导致河流、水库的有机污染严重化。

3. 适应区域

根据上述内容，我们可以发现这种类型的发展模式对于河流中上游和水库周边区域来说并不适用。农业用水量大、利用效率低的特点使得这种模式在区域内单独发展的前景十分有限。就具备特色农业发展优势和悠久历史的地区而言，发展生态农业是很好的选择，作为发展基础的特色农牧业能够推动产业链的延伸，从而使得与农牧产品相关的深加工、精细加工构成特色产业群。产业的集聚效应和规模效应能够决定其经济效益的整体水平。

如图 2-2-1 所示，为农牧业带动型发展模式的产业规划流程图。

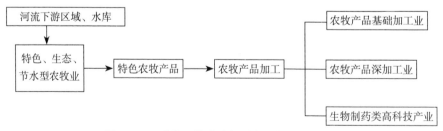

图 2-2-1　农牧业带动型发展模式的产业规划图

（三）交通枢纽型城市网络发展模式

交通枢纽型城市网络发展模式以运输条件为经济发展契机，构建强化的经济空间，让物流得以增值、信息流得以汇聚，也让广大居民于此居住，并开展生产、消费等活动，从而加快经济增长。

1. 基本特点

（1）在交通区位上具备一定优势

具备交通区位的优势，对于该模式而言既是特点也是首要条件，因为交通区位优势是区域发展交通枢纽型城市网络模式的前提。

（2）让物流、资金流、信息流得以汇聚并增值

交通便捷对于区内外资源和资金的流通融合很重要，可以大幅度促进资源、资金、信息等方面的流通，并助力区域经济的发展。

（3）以枢纽为中心，构建"点—轴—面"体系

在"点—轴—面"体系中，"点"是港口城市，"轴"是包括内河网、公路、铁路、管线在内的线性基础设施。产业汇聚于"点"，经由各个轴线扩散、辐射，最终形成区域内的"面"。

2. 适应区域

（1）河流航运能力强的区域。

（2）具备发达的陆路交通枢纽的区域。

（3）各个江河入海口的港口区域。这种流域内区域具备很强的特殊性，其负责连接河流和海洋，在位置上沿江、沿河也沿海。

3. 产业规划

（1）物流产业

作为一种新型服务业，物流业以区域交通优势为发展基础，囊括运输业、仓储业、装卸业、包装业、加工配送业、信息业、邮政业等多个行业。物流产业一方面可以为区域带来一定的经济效益，另一方面对于城市间交流也发挥着纽带和延伸产业链的作用（图 2-2-2）。

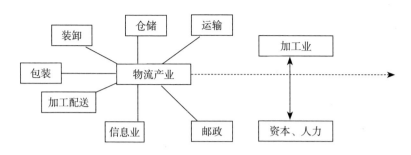

图 2-2-2　交通枢纽带动型经济模型产业链结构图

（2）加工业

在靠近港口的巨大运输优势下，进出口量大、速度快的工业是必然选择。从地理优势出发，港口城市要在发挥其优势的基础上发展大进大出、快进快出的加工贸易业，并构建保税区，从而对大宗货物进行加工和转口贸易。

（3）高科技产业

由于交通运输足够便捷，这一区域有望发展为资金和人才的流通中心、金融中心、科技中心。以此为前提，很多高科技产品能够形成积聚优势，进而拓展出相关产业链。

（4）其他产业以交通条件出发发展其他相关产业

具备优势的运输条件，可以是以消耗大量重型原材料为主的重工业的发展基础。通常情况下，大型重工业在进行发展规划时，首先在地理位置上秉持靠近原料产地的原则，但如今社会，贸易条件足够发达，在运输条件优越的港口开展进出口贸易，并发展大型重工业也是十分可取的，其典型案例为日本的钢铁工业。

（四）旅游服务带动型发展模式

通常情况下，实施旅游服务带动型发展模式的城镇具备充足的旅游资源，区域发展的依托基础是风景名胜区。此外，这种城镇会根据旅游资源开发发展机遇，并完善围绕旅游服务展开的购物、娱乐、交通、餐饮等行业的设施建设，从而推动区域经济发展。

1.基本特点

（1）拥有充足的旅游资源：自然景观、风景名胜、大型人口水利工程都是区域发展的隐形资产。

（2）第三产业为发展核心。

（3）特色产业在水资源、环境等方面的污染有限，产业需水量有限。

2. 适宜区域

（1）大江大河源头处的自然环境优越、风景宜人的区域。

（2）有明显河流落差的区域。

（3）具备以大型水利工程为主的观赏人工景观的区域。

（4）河流入海口区域。

（5）历史文化浓郁的风景名胜城市的区域。

3. 产业选择

（1）旅游业

这类区域应将旅游业作为主导产业，并将其作为产业链的中心，使得旅游业不仅提高区域的整体经济收益，也为区域及其所在城市创造更多的隐形财产。

（2）旅游产业链中的其他第三产业

受旅游业发展的影响，当地很多服务业和手工制造业也会得到一定的发展，根据旅游资源可以拓展旅游产业链。

（3）能源产业

拥有巨大河流落差的地区，其水能一般较为充足，国家会根据当地情况规划特定规模的水力发电站或其他能源工程。

第三节　区域经济的发展战略

一、区域经济发展战略的含义与内容

（一）区域经济发展战略的含义

"战略"一词，在我国自古就有。在古代，"战"与"略"是分别使用的。"战"指战斗、交通和战争；"略"指筹略、策略、计划。到了近代，战略往往更多地成为军事学的一个概念。根据我们的理解，对构成一个全局的各个局部之间相互关系的分析，针对那些对事物的发展起决定作用（即带全局性）的部分或因素而制定相应的筹划和决策，则具有战略的性质。所以，"战略"的含义，可以概述为指对重大的、带全局性的、规律性的或决定全局的筹划和决策。

把"战略"引申为"经济发展战略"，"战略"一词的基本含义并没有变，只是它适用的对象和范围有所变化罢了。根据"战略"的本来含义，"经济发展战略"就是研究经济发展中带全局性的规律性的东西，或者说，经济发展战略是指从经济发展的全局出发，分析构成经济发展全局的各个局部、部分、因素之间的关系，找出影响并决定经济全局发展的局部或因素，而相应作出的筹划和决策。

（二）区域经济发展战略的内容

1.战略方针

区域经济发展战略的方针，是指在分析和研究区域内外环境、全国经济发展战略的要求和周边区域发展特点的基础上，对本区域一定时期内经济发展的方向、目的、手段等确定的一个基本思想和原则。一般来说，区域经济发展战略的方针有以下四个特点：一是能清晰地展示本区域经济发展的基本思路和发展模式，二是能体现原有经济发展战略向新的经济发展战略转变的要点和关键因素，三是能明确提出区域经济发展的具体方向和方法，四是对区域内低层次地区的发展具有导向功能。

2.战略目标

战略目标是区域经济发展战略的核心，是战略思想的集中凝聚。它一般表示区域经济在一定时期经济发展要达到的水平。战略目标确定了，战略的其他内容就有了具体明确的方向。因此，确定合理的战略目标，是区域经济发展战略规定的首要任务。合理的区域经济发展战略目标应该包括以下三个方面的内容：一是区域经济增长目标，二是人民生活改善目标，三是社会进步目标。这三个目标的关系是，区域经济增长目标是区域经济发展的基础，社会进步目标是区域经济发展的标志，人民生活水平的提高和改善是区域经济发展的最终目的。

3.战略重点

战略重点是区域经济发展中那些对战略全局具有重大的、关键性影响的方面，它是整个战略中带有根本性、全面性的重大战略部署和战略行动，是实现战略目标的主导环节和关键性环节。有可能成为区域经济发展战略重点的，有以下几种情况：一是实现战略目标过程中的主导产业和部门。这些产业和部门，在实现战略目标过程中具有重要的战略地位，能制约未来经济发展的规模、速度和效益。二是区域内急需发展的薄弱环节。这些环节对区域经济发展具有直接的影响。三是属于本区域的优势部门、产业和技术，主要是产品在市场上占有率大，而且能取得显著的区域经济效益和创汇能力的产业和部门。四是对本区域经济发展具有联动性，可以引起产业结构优化的产业和部门，主要是一些新兴产业和部门。

4. 战略布局

战略布局是区域经济发展战略的空间体现和地域依托，是为了实现战略目标而进行的地域资源配置。战略布局主要包括区域生产力布局和区域城镇布局，其中区域生产力布局是战略布局的核心。合理的战略布局，取决于正确地划分区域内各层次的地区经济。当然，区域在不同的发展阶段，有不同的战略布局模式。一般说来，处在工业化初期，采用据点式战略布局模式；处在工业化中期，采用点轴式战略布局模式；而处于工业化后期，则采用网络式战略布局。战略布局所形成的生产力是区域经济发展的最基本动力，它对实现区域经济发展战略十分重要。

5. 战略对策

战略对策是实现区域经济发展战略目标的方法、手段和具体措施，或者说，是为实现区域经济发展战略目标而制定的政策规定。这些政策规定既包括产业结构、生产力布局、经济体制以及人口、教育、科技等方面的规定，又包括区域内所有制、经营方式、市场体系、资金筹措、劳动力就业、资源利用等方面的规定。制订战略对策，必须从区域经济的实际出发，围绕战略目标、战略重点等进行反复论证，才具有实施的可行性。

二、区域经济发展战略的特点与原则

（一）区域经济发展战略的特点

1. 客观性

区域经济发展战略不是凭空捏造的，而是在具体分析区域经济条件、产业结构、发展阶段和区域市场的基础上作出的，因此具有客观性。对区情客观性的把握正确与否，直接影响区域发展战略的科学性及对规划和计划的指导作用。

2. 从属性

全国经济发展战略是覆盖一个国家所有地区、所有领域的战略，而区域经济发展战略只局限于某一个地区。因此，区域经济发展战略从属于全国经济发展战略。这种从属性还表现在区域经济发展战略是全国经济发展战略的具体化，它必须以全国经济的决策目标和原则为基本依据，来确定区域自身发展的指导方针和目标，进而制定出区域经济计划的政策和措施。

3. 局限性

局限性主要表现在两个方面：一是区域经济作为全国经济的一个组成部分，它拥有的资源相对有限。这就使区域依靠自身力量所展开的建设规模和速度以及进行经济调节的幅度，都有一定的局限性。二是在经济调节手段方面的局限性。这主要是由于区域运用的经济手段、行政手段、法律手段以及调控经济活动的权力，主要是由中央一级掌握，地方具有的经济调节和政策制定及立法权力，只能限制在一定的范围之内。

4. 相对灵活性

在全国市场上的竞争，不仅包括企业之间的竞争，也包括地区之间的竞争。区域在竞争中可以根据国家的政策，发挥区域优势，灵活地、适时地调整策略，为本区域的企业在市场上竞争创造有利的条件，从而促进本区域经济的发展。

（二）区域经济发展战略必须遵循的基本原则

要想制定区域经济发展战略就需要从区域经济的管理与经济发展的角度来看，与此同时还要遵循以下五点基本原则：

1. 从区域发展的实际情况出发，遵循区域经济增长的一般规律

一个区域的经济发展状况可以从两个方面进行考虑：第一方面是从广义的角度来理解，我们发现区域经济的实际状况，就是指这个区域的生产力与生产关系、经济基础与上层建筑之间的关系是不是相适应的，除此之外，还包括这一区域内的自然、地理、历史等自然元素与社会文化元素的特征；另一个方面就是从狭义的角度来理解，简单来说就是这个区域的生产力、生产要素等目前所处的状况以及与之匹配的配置结构的发展水平。但是需要注意的是在进行区域的经济管理中

我们不仅要关注到狭义的层面还要关注到广义的层面上，具体来说就是从狭义的角度来观察与了解本区域的经济具体特征与情况，从广义的角度来研究本区域经济发展的目标，两者相结合从而正确判断本区域经济发展的状况与实力，制定出科学有效的经济发展战略，进而促进区域经济的发展与提高。

通过上述研究我们发现，正确认识与分析区域经济的发展状况可以有效地判断出区域经济发展的程度。那么我们怎样才能准确地认识与判断出区域经济的发展状况呢？经过研究发现，区域经济是有规律的，只要我们按照规律进行观察与研究就可以正确判断出区域经济的发展状况。那么这个规律是什么呢？具体来说就是，区域经济的发展是按照先是自给自足的农业经济，然后随着生产力水平的提高农业经济逐渐转变为工业经济，但是此时的农业与工业的水平较低，所以在此基础上农业又会进一步发展，随着农业的进步与发展，工业又在新农业发展的基础上得到进一步的发展，最后这个区域的经济发展到现代化水平，成为经济发达区。由此我们发现，要想让区域经济不断发展与进步我们就需要遵循这个规律，按照区域经济发展的阶段进行科学的规划与调整。

2. 遵循区域分工的客观要求，坚持国民经济发展与区域经济发展相统一的原则

在对区域经济进行规划与调整时，我们不仅要关注区域经济的内部条件，还要关注到区域经济之外的条件与环境，把内部条件与外部环境相结合。换句话说，就是把本区域的优势纳入全国经济的分工当中，要想做到这一点就需要我们把全国经济发展的战略作为本区域经济发展战略的依据与要求，做到两者之间的相互协调。具体来说，就是我们需要从国民经济发展的规划当中考虑本区域经济发展中自身的优势，优势的内容主要包括本区域的主导产业以及专业生产部门的生产布局。除此之外，要想让区域经济与国民经济相互协调就需要我们正确处理国民经济与区域经济发展之间的关系，既不能通过牺牲国家的利益来追求区域经济的发展与提高，也不能只顾追求其他方面而忽视对区域经济的发展。所以，在发展区域经济的时候我们应该兼顾好区域经济与国民经济之间的关系，从而做到国民经济与区域经济同时得到发展与进步。

3. 坚持区域经济增长与社会进步相结合的原则

纵观历史与社会的发展历程，我们可以发现经济发展与社会进步这两者之间的关系是紧密联系的。而且进行区域经济管理两个最主要的目的就是促进区域经

济的增长，进而促进社会的进步与发展。进行区域经济管理的时候，最终的目的就是促进人民生活水平的提高，那么人民生活水平的提高是指哪些方面呢？通过研究我们发现，人民生活水平的提高首先是要有物质水平的提高来做支撑，也就是说要有丰富的物质产品，但是随着人们生活水平的提高，人们的精神文化需求也会提高，所以人们生活水平的提高不只是物质生活水平的提高，同时还应该包括精神生活方面的提高。由此我们也就可以发现，在进行区域经济管理的过程中，不能只追求经济与物质方面的增长与进步，还要关注区域社会方面的进步与发展，不仅要为社会进步提供物质基础同时还要提供良好的文化环境基础。通过论述，我们了解到区域的经济发展与区域的社会发展之间是因果关系，只有经济发展才能促进社会的进步与发展，经济的发展需要有一个良好的社会环境来做保障。

4. 优化区域经济系统结构，保持区域经济增长速度较高、效益较优的原则

进行区域经济管理最主要的就是要促进经济的持续、快速协调的发展。在促进区域经济增长的时候，我们在关注经济增长速度的同时还要关注经济发展的质量与效率，做到经济增长的速度与效率之间的协调统一。也就是说，经济增长的形式应该是既速度快又效益好。那么在进行经济规划的过程中我们应该怎样去做才能达到这样的目标呢？通过研究我们发现，经济结构具有全局性与长远性的特点，所以要从全局进行考虑与研究，要想促进经济又快又好发展最根本的就是要进行经济结构产业升级与优化。只有从全局进行合理的战略规划才能让区域经济长期处于一个持续、快速、发展的状态。

5. 坚持科技进步的原则

科学技术是第一生产力。在现代经济中，生产力的发展已越来越取决于科技的进步以及科技向现实生产力的转化。我国不少区域，特别是西部地区经济发展的主要推动力仍是资本和劳动力投入，科技贡献率仅 30% 左右，这与国际先进水平存在很大差距。有些地区促进科技进步的机制不完善，科技开发和技术改造投入不足，致使一些主要技术行业落后国际先进水平 15～20 年。科技水平落后直接导致产品质量和经济效益不高，国际竞争力不强。因此，在区域经济发展战略的研究和制定中，必须充分重视技术进步和技术转移的客观趋势，以及对未来经济发展的巨大影响。只有坚持科技进步的原则，大力发展科学技术，促进技术进步和技术转移，不断提高区域内的技术水平，才能促进区域经济的快速发展。

三、我国区域经济发展战略的历史演变

（一）我国区域经济发展战略的演变

当前，区域经济的发展与进步是我们国家党和政府十分重视的方面，这不仅是发挥区域优势、组织区域经济发展、促进经济现代化建设的重要内容，还是促进人民生活水平提高的重要要求。而且，从1953年开始，随着社会主义改造的基本完成，我国逐渐形成了以公有制为基础、高度集中的计划经济体制，这一体制也必须研究政府应遵循怎样的规则直接配置全社会资源。

综观中国所有区域的经济发展，经济管理采取的策略主要包含两个方面：第一个方面就是促进经济均衡发展战略，具体来说就是把生产力均衡分配到一国或一地区的战略，工业生产力更是如此。但是我们需要注意的是，要想使用这个策略，我们必须要对当前经济发展的状况进行调查与研究，到区域经济成长的某一阶段或水平上的时候再进行使用，只有这样才不会把财力、物力等分散开来，从而达到应有的经济效果；第二个方面则是非均衡的发展战略，具体来说就是在经济发展的过程中，在特定的时间内经济的管理是有所侧重的，经济是有区别发展的，等到重点地区的经济发展起来后，才会对非重点地区进行扶持，最终推动全地区的均衡发展。

中华人民共和国成立以后的经济发展也是经历了从均衡发展的经济管理策略向非均衡经济管理策略发展的过程。详细地说就是在1978年以前，我国采取的是均衡发展的经济管理战略。这种战略模式加快了中国中部与西部的城市化进程与工业化的进程，改变了中国以农业为主的不合理产业布局，在重工业基础上建立一个比较完备的工业体系等，成绩斐然。但同时又受当时国际地缘政治、经济形势等方面的制约，对于内地的建设需求太过迫切，所以倾注了太多心血，对工业的建设出现了重规模，轻速度的现象，忽视了经济效益，与此同时当时选厂的地点不正确，从而就造成了当前严重的浪费与损失。除此之外，当时经济的发展，一直以重工业为发展的重点，并且总是过分地追求区域之间发展的均衡，这就导致区域之间低水平工农业结构体系趋同，内陆地区产业关联效应不佳等历史隐患，导致西部在全国大分工总格局下一直处于劣势，使得资源配置低效。

1978年，党召开十一届三中全会之后，树立了实事求是的思想路线。从全球

地缘政治、经济形势的显著变化来看，和平和发展在国际关系中越来越占据主导地位。与此同时，我国和美国、日本等国家之间的关系不断改善，在此情况下，中国区域经济的发展战略也随之改变，也就是要由改革开放以前服从国防安全目标的均衡发展战略，向发挥自身优势过渡，加速全国经济整体增长的非均衡发展战略。区域经济非均衡发展新策略的本质理念，就是对价值规律要求进行关注，以市场效益和经济效益为首要目标，发展地区经济。因而在整个 20 世纪 80 年代和 90 年代前期，国家的投资布局从以往的以重视备战，缩小地区差异为主，逐步向提高经济效益的方向转化，贯彻以市场取向为主的方针，偏向沿海地区。另一方面，国家在对外开放过程中，使沿海部分地区有更大自主权，在资金、税收和利用外资等方面也有很多的政策优惠。

区域经济的非均衡发展战略，就其改革开放的推行而言，毫无疑问，它已获得明显的经济效益，的确使得东部沿海地区得到了快速的发展。1978 年以来，国民生产总值快速增长，并且我们可以发现，这些增长在很大程度上是取决于沿海地区较高的增长速度。也可以说基于不平衡原则与区域分工原则这两个方面的原则，区域经济非均衡发展战略应运而生，并且效果很好。由此我们可以发现，区域经济的非均衡发展是对近 30 年来形成的区域均衡发展战略进行的改革与进步。但随着国家非均衡发展战略，东部和中部地区因偏向东部政策的转变从而扩大了与西部地区之间的经济差距，区域经济发展不平衡问题不断扩大。

（二）非均衡协调发展——我国区域经济战略的正确选择

对中国区域生产力布局与区域经济发展经验进行总结，可以发现区域间协调发展是我国区域经济发展的重要矛盾之一。那么要想促进经济的发展，首要的问题就是如何处理这个矛盾。具体来说，就必须做到近期效益和长远发展的要求相统一。因此，从当前区域生产力合理布局存在的问题入手，提出了"以提高经济效益为中心"的原则。即在谋求近期效益中，必须按照长远发展要求；在追求长远利益时，也要遵循当前需要。加大东部沿海地区开发力度，同时不忽视沿海和内地协调发展需要。这样，既能发挥中央对地方的宏观调控作用，又能充分发挥地区优势，促进区域之间协调发展。具体而言，应遵循下列原则：一是应将在全国范围内的自然资源进行充分、高效的开发利用，经济资源与劳动力也是如此；同时，在产业结构调整过程中应注意保持与其他相关产业部门的合理比例关系，促进其健康发展。二是应使工业与原料、燃料产地同步或者单独靠近消费市场与交通枢纽；它不仅可以促进各民族之间相互学习借鉴先进技术与管理经验，而且还能加速整个国民经济现代化进程，最终达到共同富裕之目标。三是必须使国民经济各个部门在地域上构成一个最佳组合。按照上述原则，结合中国自然资源的分布情况、生产力布局现实态势及其特征，区域经济在未来还应该采取非均衡协调发展策略。该策略虽然以各地区经济的协调发展为主要特点，但是仍然突出重点，使得产业结构具有某种倾斜度。这种措施对于实现东部、中部和西部三大区域的生产专业化，产业结构合理化十分有利。另外，该策略是立足于客观经济现实上的，是顺应中国经济发展潮流的。

首先，这里的非均衡发展战略是一种适度倾斜的战略。在社会主义初级阶段，要使全国各方面都能得到协调和全面的发展，必须坚持实行以优先发展东部沿海地区为重点的倾斜政策，这一点已经被实践证明了。所谓的适度倾斜，是向着更高水平的经济发展方向，尤其要向工业发展水平更高的区域倾斜。这是社会主义国家实行区域经济协调发展的一条重要原则，也是当前调整产业结构的一项主要政策。经新中国成立后数十年的建设，中国生产力区域布局在东部和中部地区经历着深刻变革，在西部三大区域都已形成一批各具特色的工业区。这些工业区在全国范围内构成了一个比较完整的工业体系，发挥着各自的优势，促进了国民经济的持续稳定协调发展。例如，原材料工业、加工工业、高科技产业。京津唐工业区，辽中南工业区，豫北、豫西工业区和胶济铁路沿线工业区以及兰州，天水，银川等城市，西宁工业区，呼和浩特、包头工业区等等；长江三角洲工业区，主要从事制造工业，珠江三角洲的工业区，黑吉的中部工业区，关中、鄂西、成渝工业区；黑东工业区和黑西工业区主要发展原材料和燃料动力工业，沿同蒲铁路的蒙东工业区，川黔滇工业区等等。总之，我国各地正在形成一个具有一定规模的区域经济实体，并将逐步向区域性经济区过渡。对于这些地区来说，除经济体制要转轨，大中型企业要建立现代企业制度之外，还应该在适当时候对技改投资给予适当倾斜，使它对整个国民经济发展起着更加重要的推动作用。实施区域产业政策是调整产业结构的重要手段，当前我国现阶段产业结构存在着严重失衡的现象，所以这一倾斜要有一定的节制，而地区经济的倾斜，一定要和产业倾斜相结合。目前，我国区域经济发展不平衡的问题还比较突出。中部和西部地区的农业、能源、原材料、生态环境与交通运输业，不只是与中西部自身有关，还与国家整体经济稳定与发展息息相关。从目前来看，要把这些行业的发展纳入国家宏观产业政策之中，就需要采取必要的措施予以支持。所以，要更加向重点扶持，向重点产业倾斜。由此就可以了解到所谓的非均衡发展，就是要按照地区经济不平衡的发展规律进行有所侧重的、特色鲜明的经济发展，而非对力量的平均运用。美国经济学家威廉森认为，区域经济成长由不均衡向相对均衡、均衡演进的过程，就是极化效应与扩散效应互动发展的过程、是相互转化的成果。这种极化现象是通过集聚效应与扩散效应两种作用机制来实现的。区域经济成长之初，极化效应比扩散效应明显，其原因在于生产要素先集中于少数几个点或区域增长极，才能取得更好的收益与发展。到了区域经济成长的后期阶段，扩散效应就显得更加重要，究其原因，在于聚集区不断地向四周蔓延和渗透，导致新经济区产生、发展，由此造成区域经济差异减小。因此，在区域经济成长中，不可能出现绝对的平衡状态，但有一个"适度"的范围。我国的区域经济成长还处于初期阶段，经济发展极化效应比扩散效应显著，非均衡发展可以改善宏观经济的方面，还可以有效减少达到地区经济发展水平均衡化这一理想目标所需要的时间。

其次，这个经济战略是在区域间进行协调和补充的策略。它有利于提高区域整体竞争力。中国东部地区虽然有五大优势，但是也存在四大矛盾。也正是这些优势和矛盾决定了它们在未来发展中必然要进行优势互补。具体来说，这些优势就是科技文化发达，经济地理位置较好，具有良好的工业基础和独特的海洋资源，城市文化水平较高；而矛盾就是淡水资源匮乏、能源紧张，产业结构不尽合理，大城市的"膨胀病"比较严重。中部地区则在上述诸方面均有明显不足。西部地区具有富庶与贫穷并存的基本特征，也就是地域辽阔，自然资源丰富，但是经济发展水平不高等，技术力量薄弱、交通闭塞、人才匮乏。然而中部地区同时具有东部、西部过渡性地带。显然，这三大区域经济发展条件利弊共存，长短不一。因此，在我国社会主义初级阶段的总体战略方针下，要实现全国经济的协调发展，必须坚持"东西部"之间和东部与中西部之间的非平衡发展战略。这恰恰促进了地区之间的相互依赖和相辅相成，实行商品交换、市场交流和进行经济技术协作等内在动力。因此，要使我国的经济持续稳定地增长，必须从各方面加强合作，实现区域内资源要素合理配置与合理使用。实施非均衡协调的发展战略，经济建设上可确立以东支西，以西资东，取长补短、互通有无，形成区域经济新格局；发挥各方面的积极性与创造性，使各种要素合理流动并优化组合，以促进整个国民经济持续、快速、健康地向前发展。基于比较利益选择，优化产业结构，为经济创造出真正的活力。

再次，这个经济策略还是一种开放型经济发展战略。随着改革开放的深入，国家实施对外开放的战略后，对各地区的影响也越来越深远。对外开放是国家的一项基本国策。那个时期我国正处在由计划经济向市场经济转变的时期，基于这种情况下，中西部地区如何才能发挥其比较优势，加快改革开放步伐呢？具体来说就是实施非均衡协调的发展战略，不只在东部地区，还应在中西部地区，按照对外开放原则，积极参加国际市场竞争与交流。这些地区虽然拥有雄厚的工业基础，但由于其比较利益低，缺乏竞争力，因而未能发挥出应有作用。在东部沿海地区，形成了沿海经济特区、对外开放的城市、经济开发区和其他经济开放模式。这样既可促进东中西部地区经济协调发展，又有利于缩小东西部差距。这就需要我们充分利用世界经济全球化的优势，积极加入世界贸易组织，将发达国家进行产业结构调整作为一个良好的契机，利用我国相对完善的市场条件、自身劳动力优势，以及良好的经济技术基础，改造传统产业，发展高科技新兴产业，使产业结构高级化，从而能够在适当的时候跻身国际分工之列。中西部地区应抓住有利时机，参与国际竞争，有所作为。应当清醒地认识到，我国中部和西部已经历了多年建设，经济发展条件已经具备，当务之急，就是要强化开放意识，利用资源优势，优化产业结构等，完善投资环境，实行优惠政策，吸引海内外资金、技术、人才等，让资源优势发挥到极致。

最后，这是一个与社会综合效益原则相适应的经济发展战略。区域经济发展政策要有利于促进区域之间以及不同区域内部经济协调发展。区域经济发展政策的制定，必须综合考虑到经济、政治、民族关系和国防等因素，外交和其他各方面因素所产生的社会综合效益。因此，从这个意义上讲，实施非均衡协调发展战略思想是非常重要的。我们国家的经济是个有机的整体，要发挥现有工业基地遍布全国的功能，充分发挥各地现代工业发展条件与优势，使各地均获得良好的经济效益，由此可以全面促进工业化的进程。非均衡协调发展战略的实施既体现在东部也体现在中部、西部，所以做到经济社会的相互协调，可持续发展，是非常关键的。同时也必须清醒地认识到我国属于大陆国家的范畴，拥有比海岸线更长的陆地边境线和国防、外交很大程度上决定了陆地边境地带的经济社会发展状况。因此，要加速我国社会主义现代化建设，就必须把对外开放同促进边地经济、社会发展结合起来。开发与建设边疆地带，捍卫边疆，发展边疆地带。对外关系最主要，也是最为行之有效的途径与条件，更是提高少数民族地区开发速度，增强民族团结最主要、最有效的途径与条件。

通过以上四个方面的论述我们可以发现，非均衡发展战略是符合国情的区域经济发展战略，但也并非是一种纯非均衡发展战略，而是一种非均衡协调的发展战略。具体来说就是指在保持一定经济总量规模的条件下，通过对资源配置方式、产业结构以及所有制结构等方面进行优化调整，以达到社会生产力各要素合理配置，实现整体经济效益最佳的一种宏观经济调控手段和政策体系。只有实施非均衡协调的发展战略，协调我国区际关系，促进地区市场经济，外向型经济的发展，可以使整个国民经济宏观效益得到改善。

第四节　区域经济发展的影响因素

一、经济增长受限

（一）有效需求不足的体现

1.消费需求

（1）消费需求得不到满足

调查研究发现，当前中国人口数量已达到 14 亿，并且研究统计发现中国将会有超过 4 亿人快速地成长为中等收入人群，并且排名世界第一。也正是人们收入水平的上升，让中国也成为世界上主要的奢侈品消费国。但是我们发现高端的消费品需要投入更多的技术与资金，然而当前的中国的经济水平还没有达到这个地步，所以就会导致中国的一些收入向其他国家外流。主要原因包含以下两个方面：第一个方面就是我国的资金是短缺的状态，产业的发展没有资金等物质方面的内容做支撑，所以就无法促进产业的升级与发展；第二个方面就是经过研究发现我国发展迅速的产业是需求量小的产业，而这就让中国的产业结构脱离国情。由此也就可以了解到，正是当前巨大的消费差距让中国的产业结构无法进行优化升级。

（2）收入预期不足

从长期收入假说这个角度来看，决定消费者需求的就是人们的持久收入。那么什么才是持久收入呢？具体来说就是一个人在很长的一段时间内所获得的平均收入，但是，会随着社会的发展，就业、收入以及社会保障而不断改变。要想激发人们的消费欲望，就需要增加人们的收入水平，不断改革创新，增加社会保障，扩大中等收入群体，并增加该群体的购买力。

2. 外贸需求

（1）外贸保护

由于很多国家出于对本国经济的保护，所以就会制定比较高的关税，然而正是因为关税，导致很多优质商品的价格依然是较高的状态，所以就有人为了买到价格较低的产品飞到海外。要想促进消费的增长与升级就需要进一步降低包括高端消费品的关税。

（2）产品升级缓慢，优质产品稀缺

对最近几年的消费进行观察我们发现有很多的消费者蜂拥到海外采购商品。我国经济发展速度很快，但同时也存在产业结构不合理、产品升级缓慢、优质产品稀缺等问题。

（二）消费强劲

根据经济规律进行预期与推测，我国经济到 2030 年消费总额将会增加超过 6 万亿美元左右。这么大的数额，不仅等于同时期美国与西欧消费预期增长之和，更是印度和东南亚国家联盟（ASEAN）消费增长之和的 2 倍左右。

二、生产率与技术进步

（一）不同行业的空间布局变化趋势值得关注

凭借信息通信、云计算、智能制造等技术，以现代交通等为特征的新科技革命对资本和人口、知识以及其他经济要素的跨区域流动问题、空间组织模式和集聚形态都产生了很多重要的影响，当前随着时代的进步与发展，技术进步已经成为现阶段促进我国经济不断发展的主要推动力。在此背景下，研究技术进步对不同产业空间结构和布局演变的影响具有十分重大的现实意义。为了更好地观察科学技术在不同产业空间布局中的作用与效果，中国可以将地级及以上的城市作为主要的空间单元，在行业与城镇单位的就业数据中，我们着重选择技术密集型如制造业、中高端服务业等新技术冲击比较明显的产业来加以分析，并对空间布局变化进行持续的关注。

当前在很多的大都市当中很多的制造企业都向周边的县市进行聚集，主要呈现出区域性集聚。我国大城市及其周边已形成一批具有一定规模和特色的制造业集群。在物联网、智能制造不断推广与发展的今天，远程控制等其他高科技技术开始向制造业普及，制造业在要素投入组合和生产方式等方面均发生重要转变，区域布局特征发生了相应的变化。但是总体来看东部地区依然是制造业的主要集聚区，大都市制造业的比例有明显降低，与之毗邻的周边区域，正在成为制造业的新集聚区；中部与东北地区这两个区域的趋势接近，制造业在本地区省会城市或较大规模中心城市聚集态势更加明显；但这些区域中西部地区的变化最明显，制造业就业空间集中度有明显提高。从产业内部看，高技术产业发展较快，而劳动密集型产业相对落后。造成这种局面的原因是新技术条件下，制造业特别是技术密集型中的高端制造业对地理实体空间需求规模不断下降，由于新技术的发展逐渐取代劳动力，同时产业生产率不断上升，土地资源也就由此得到基本舒缓，同时也缓解了劳动力和其他要素成本不断增加的压力，降低了空间集聚的成本。

首先，中高端服务业的空间集聚程度不断提升，优势地区的循环累积效应日益凸显。在中高端的服务业这个产业当中，最为突出的问题就是信息传输问题，计算机服务及软件业，在北京的就业空间集中度中都有了很大的提高。优势区域如上海的空间循环累积效应仍比较突出，而成都、重庆则是我国西部地区的中高端服务业聚集的核心。此外，生产性服务业的空间聚集趋势有所减弱，而生活性服务业的空间集中特征更加明显。这种变化趋势除与技术进步所带来集聚成本下降相关外，也正是由于信息技术的进步，使得专业化的服务或者产品标准化、模块化程度增加，与此同时，可移动性也得到显著提高，提供和管理服务产品还可以依赖互联网、视频等远程监测和其他技术，在不同的空间中进行。此外，经济增长方式转变带来了新的产业形态——生产性服务业。这类服务业技术门槛比较高，对于从业者技能水平、地域等对公共服务质量提出了更高要求。由此，先发地区区位优势得到进一步强化，虹吸效应有进一步增强的趋势。

其次，是生产性服务业的集聚趋势加强。金融和交通运输服务业呈现较为显著的空间离散趋势，网络一体化分布特点明显。随着我国经济进入新常态和城市化进程不断推进，未来一段时间内我国各区域产业结构调整将更加注重产业结构优化升级和要素配置效率的提高。金融、交通运输业的空间分布不同于其他产业。东部沿海和中部沿海地区的经济发展速度快于中西部地区，而西部地区则是经济增长速度最快的区域之一。虽然北京、上海等超大规模的城市依然保持着较高的比重，但是国内其他区域的发展已经显著加速。金融业和交通运输业在全国范围内形成了一个高度集聚区，这主要是由于经济发展水平不同造成的。两大产业向较低级别城市扩展的布局态势逐渐加强，从某种程度上讲，它还体现了产业内功能分工不断加深，某些技术水平比较低的部分，正在从造价昂贵的大都市地区转向造价低廉的区域。

（二）技术进步对区域经济发展格局产生深远影响

随着时代的进步与发展，科学技术不断提高，我们发现科学技术对经济的发展主要通过两个方面进行作用：第一个方面就是技术代替了空间与劳动等生产要素，具体来说就是通过科学技术开始替代劳动力，开始减少经济活动对实体空间对边际需求的规模，从而可以将经济活动进一步地向空间进行聚集与扩大，形成新型的产业布局；第二个方面就是通过新技术所营造出的虚拟互联空间，重塑了区域间关系，也就是借助互联网、区块链、云计算和其他技术为不同区域间的生产、交易和管理构建了一条新型空间联系路径，让控制和其他供应链上的不同职能都是实时的，改变了供应链中在不同的空间不方便联系的现状，从而让要素流动和空间配置路径发生了根本性变化，构建了区域之间以全供应链为基础的新的功能分工联系。然而这一深远影响主要在以下三个方面进行体现：

1.基于供应链的功能分工成为区域经济发展格局重构的重要动力

随着新一代技术的产生，我们发现我国产业布局最明显的变化就是各个产业之间的功能开始在空间中得到分离，具体来说就是当前供应链之间的环节存在不同的功能，要是想让各个空间的功能得到最优的发挥，就需要在功能的基础上依托科学技术进行发挥。地区之间传统的产业分工被功能分工所代替，形成了更多类型的功能区域。由于中高端服务业空间上的集聚成为推动和决定地区功能分工的主导力量，受此影响，规模越大的城市其功能就越多元化，而规模越小的城市其功能就越倾向于专业化。

2. 产业空间布局非连续、非连片的特征趋于显著

分析京津冀、长三角、珠三角等区域性中心城市与周边城市的相关性可以发现，制造业的集聚与科研技术、金融保险、信息传输等中高端服务业的相关性日益下降，科研技术服务业与住宿餐饮等传统服务业的相关性也在下降，中心城市与地理邻近地区的相关性也出现了不同程度的下降。不同行业区位相关性的变化反映出在新的技术条件下，产业空间布局的非连续、非连片的特征更加突出，意味着区域经济发展格局将由传统意义上的产业集群向非连续、多中心、分散式的网络化布局演变。

3. 区域一体化程度进一步提高

无论是产业间还是同一产业的内部，都已出现了较为明显的功能分离趋势，即按照制造、消费、分销、研发等不同功能在不同空间集聚，以此获取最优的成本收益。与此同时，新的技术还将进一步推动不同功能在不同空间上的叠加、整合、重组，以实现更大规模的分工与集聚效应。在此趋势的推动下，传统上依据规模层级而形成的城市体系将随着地区的功能重组而逐渐演变成以"功能层级"为主体的体系结构，随着功能网络的拓展而不断延伸，区域一体化的程度也随之提高。

第三章　区域经济管理

本章主要对区域经济管理进行研究，主要包括三节内容，依次是第一节区域经济管理理论与原则、第二节区域经济管理内容以及第三节区域经济宏观管理。

第一节　区域经济管理的基本理论

一、区域经济管理的界定

列宁指出："劳动生产率，归根到底是使新社会制度取得胜利的最重要、最主要的东西。"[①] 影响区域劳动生产率的因素是多方面的，而最根本的因素则是分工。

劳动分工，对区域来说，就是各种社会劳动在区域内的划分和独立化，也可指由创造使用价值的各种不同性质的具体劳动发展起来的一个区域多支体系。一般的区域分工，是指区域范围内的分工，如农业、工业、运输业等大类的划分；工业本身又有轻工业、重工业等部门的划分。一切分工都是社会生产力发展的结果，所以，区域分工也是区域社会生产力发展的结果。而区域内分工的发展，又反过来促进本区域生产力的提高和生产的社会化、专业化，从而为区域分工向广度和深度的发展提供了广泛的基础。这是当今区域经济发展的突出标志。但是，在社会主义社会以前的社会中，分工包括区域分工，都是自发地形成的。"只要分工还不是出于自愿，而是自然形成的，那么人本身的活动对人来说就成为一种异己的、同他对立的力量。"[②] 在阶级社会，这种矛盾发展成为区际经济的畸形发

---

① 王邦佐，柳振铎. 列宁晚期政治思想研究 [M]. 上海：学林出版社，1994：5.
② 马克思，恩格斯. 马克思恩格斯选集 第 1 卷 [M]. 北京：人民出版社,1995：85.

展，富裕地区与贫穷地区的差距越来越大，区域分工成为一种剥削手段。

在社会主义制度下，在生产资料公有制及经济形式多元化的基础上，区域分工原则成为区域经济管理的一个重要指导思想。它的作用是建立起全国范围内的区域分工体系，使得各个区域扬长避短，逐步使国民经济结构趋于完善和合理，从而促进社会经济效益的提高。

区域协作是区域分工的继续。自古以来人们的生产活动总是表现为，为实现一定的目的而进行的一种协同劳动。区域协作还是一种客观趋势。时至今日，高新技术、信息技术的发展，知识经济的到来，任何一个地区，不管其经济发展程度如何，都不可能生存在"经济真空"中，孤立于全国经济发展潮流之外，靠建立自给自足封闭式的区域经济关系是不可能取得经济健康增长的，更不可能进入先进地区的行列。这是因为，在社会化大生产与以公有制为主体的生产关系并处于多元化、统一市场的条件下，只有广泛开展区域协作，才能求得整个国民经济的协调运转。

在我国，长期以来由于市场经济、地域分工的观念淡薄，而产品经济论、自然经济论却占统治地位，对区域经济运行的一般规律缺乏认识。在区域经济发展中，各个区域都长期自觉或不自觉地追求自我服务、自我循环、自成体系，既不注意保持和发扬各个区域固有的特色和优势，又忽视扩展、加深一个区域与外区域交往的广度和深度。这是我国地域分工、区际协作开展滞后的认识根源。在传统的经济管理体制中，习惯于按行政区划、用行政手段来管理经济、编制计划。固然，每个省、市、区作为一级行政单位，有其明确的地理界限，有特定的管辖范围，它不能超越自己行政区域的范围去规划设计外部各区域的经济活动。但现代区域的经济活动内容极其复杂，区内外各种联系非常广泛，有些经济活动固然在一省一市范围内统筹安排就可以取得较大效益，而更多的经济活动必须在一省一市管辖范围以外组织分工协作，才能将各种生产要素、各个生产环节进行更合理的调度、组合、协调，更充分地发挥区内外各种因素的作用，并产生一种超越于各单个区域的强大合力。这就需要一整套宏观的、中观的管理方式。区际之间存在的分工和协作，也必然需要区域管理，为此才能推动各区域经济协调健康地发展。

二、区域经济管理的性质和目的

（一）区域经济管理的性质

任何社会的经济管理都具有二重性：自然属性和社会属性。因此区域经济管理也具有自然属性和社会属性。它一方面是为了适应区域共同劳动的需要，使生产资料和劳动者相结合，组织和协调人们的活动，而与区域生产力相联系。这是区域经济管理的自然属性，表现为管理的一般职能。因此，与生产力相联系的区域生产力配置、生产力诸要素结合的形式、手段和方式，在各种不同经济制度的社会中没有本质的不同。当然，区域生产力是否发达，不仅取决于它所拥有的各种经济资源、各种生产要素是否得到充分发挥，而且还有赖于管理。在同样的社会制度下，区域外部环境基本相同，其区域的内部条件基本类似，但运行结果所达到的生产力水平和经济效益却相差悬殊，究其原因就在于管理。另一方面，经济管理又是在一定生产关系下进行的，它要求维护与完善现存的生产关系，代表生产资料所有者的利益和意志。这是经济管理的社会属性，表现为经济管理的特殊职能。区域经济管理也不例外。

管理的二重性，是由生产过程的二重性决定的。资本主义区域生产过程的二重性：一方面是创造物质产品的社会劳动过程，它在客观上要求对本区域的协作劳动进行必要的组织和管理；另一方面是资本价值的增值过程，它要求该区域实行以追求剩余价值为目标的管理。社会主义的区域经济管理也有二重性，因为社会主义区域经济活动也是生产力和生产关系的统一。社会主义区域经济管理在社会属性方面不同于资本主义的区域管理，如管理目的、管理关系和管理制度的性质等方面是不同的。它在自然属性方面虽与资本主义的区域经济管理有许多共同点，但由于其社会属性，因而与资本主义区域经济管理也有不少相异之处。

第一，社会主义区域经济管理，能够把宏观经济管理和微观经济管理统一起来。在社会主义条件下，由于地区经济是由各部门、各企业组成的有机整体，企业是地区经济的基层单位。加强宏观管理是搞好微观管理的前提，而搞好微观管理又成为搞好宏观管理的基础，社会主义的区域经济管理则起了中介作用，把国民经济管理与企业管理衔接起来。

第二，社会主义的区域经济管理，实现了人与人之间的互利、平等、合作关系。

第三，社会主义国家加强区域经济管理，旨在以有效的科学管理来发展社会生产力，提高区域经济效益，不断满足本区域以至全国人民的物质文化生活的需要，而决不允许任何人利用区域经济管理来谋取私利。

正确认识区域经济管理的二重性，对促进我国社会主义经济建设具有重要意义。

首先，正确认识区域经济管理二重性，既可以使我们按照自然规律和科学发展规律办事，适应社会化大生产发展的要求，合理地组织地区的生产，促进生产力的发展，又要不断调整和完善生产关系和上层建筑中不适应生产力发展的方面，改革经济管理制度，建立社会主义市场经济体制。

其次，在我国的区域经济建设中，对于外国区域经济管理的理论、方法和经验，既不能全盘否定，又不能照搬照抄，必须认真总结我国区域经济管理的历史经验，同时还要吸收和借鉴当今世界各国包括资本主义国家的一切反映现代化生产规律的先进区域经济管理的经验，创建中国特色的区域经济管理的理论和方法。

（二）区域经济管理的目的

一般来说，宏观经济管理的目的是保持总需求与总供给基本平衡，微观经济管理是促进企业的高效运行。区域经济作为介于宏观与微观之间的中观层次，其管理目的应与宏观管理目的和微观管理目的相协调。区域经济管理的目的应有利于区域经济发展的战略目标、规划目标、计划目标和政策目标的顺利实现。

（1）区域经济管理要反映提高经济效率的要求

这就要求区域经济管理系统要正确地运用一切管理职能（组织、计划、控制等），合理地调动一切管理要素（人、财、物），尽可能地提高区域经济管理系统的效率。

（2）区域经济管理的目的要符合增加收益的要求

这是解决区域经济管理目的的科学性问题。一般讲，从事任何一项管理活动，最终都会产生一个效率问题（高效率或低效率）。区域经济管理的实践证明，区域经济管理质量的高低不完全是一个对于效率实现程度的评价，重要的还在于这种反映一定管理目的的效率在多大程度上与社会需要在量和质的方面相衔接。一个区域的管理，即使取得了一个最大的效率，但是，如果确定的管理方向和管理目标是错误的，那么，这种最大的效率将可能是一个最大的社会损失和浪费。因此，需要在管理目的的确定上引入管理效益的概念。可以说，区域经济管理的方向、目标是否正确，对区域经济管理效益起决定作用。方向、目标确定得正确，是正数，那么，区域经济管理效益便越大；反之，方向、目标错了，是负数，那么，效率越高，则区域经济管理效益不但没有，反而损失越大。

（3）区域经济管理的目的要符合社会发展的要求

也就是要解决为谁的利益而管理的问题。社会主义区域经济管理的目的必须直接为满足社会和人民的物质文化需要服务，这是由社会主义的生产目的所决定的。区域经济管理目的是否正确地反映出这一要求以及最终所能实现的程度，是制定社会主义区域经济管理的各种决策、方案和措施是否正确，检验区域经济管理的经济效益和社会效益是否优化的一个根本标志。而这一要求的构成一般应包括：第一，经济发展。其中包括人均国民生产总值的增加，资源的优化配置，科技的不断进步和生产效率的不断提高。第二，经济稳定。其中包括充分就业，物价稳定，健全、完善的社会保障制度。第三，社会经济公平。其中包括社会财富的合理分配，维护公平合理的竞争，地区各经济主体参与市场的机会公平等。第四，生活环境质量。其中包括优化自然环境和社会环境，充分满足社会共同需要，发展社会文化教育事业，社会成员有更多的闲暇时间。

三、区域经济管理的原则

管理原则是决定整个管理系统的结构和运转的基础，在具体的经济管理活动中发挥着重要的作用。区域经济管理活动作为一个处理和解决区域经济发展以及各种社会联系的过程，它有与本身特点相适应的管理原则。

（一）系统原则

区域经济管理的对象是本区域经济中许多相互联系、相互作用的要素，并在动态中结合而形成有机整体。这个整体就是一个系统。在区域经济管理工作中，应把整个区域经济看作一个系统。区域之内的人、原材料、土地、物资、信息和众多的部门、企业，在一定的目标（如经济发展目标）下组成一个综合体。为了实现目标，区域经济管理就要把本来相互间没有联系的因素集合起来，形成一个整体系统。另外，每个区域又是更宽广的整个社会系统的子系统，它受社会大系统内部各种因素的影响，同时也对社会大系统发生影响。任何一个区域都是在与外部区域的相互影响中实现动态平衡的。这种来自外界的各种生产要素等的输入和本区域的各种输出，绝不是一种孤立的机械行为，而是在整个国家、整个社会大系统的控制下，实现整体的宏观系统目标。

在具体的区域经济管理工作中，要正确贯彻系统原则，必须准确把握它的以下几点特征：

1. 目的性

一个区域情况复杂，活动多元化，有经济活动、政治活动、科技活动、教育活动等，由于各自有其不同的目的性和活动规律性，如果分不清区域管理应该解决的主要任务，就会目的多元，造成混乱。区域经济管理的最主要目的是解决区域经济发展问题，各项管理措施、决策要为这一目的服务。

2. 全局性

区域经济对于全国经济来说是局部同全局的关系。但在现代化大生产中，局部和全局的关系并不总是协调的。一项管理措施的实行，对全局目标来说是有利的，而对某一局部的目标又可能是不利的。系统的实质在于整体。离开了对于整体目标的追求和整体规划的要求，区域系统管理便会失去目的性。我们无论在任何时候、任何问题上，都必须从持续、协调、健康地发展国民经济的大局出发，坚持局部服从全局。为此，必须把区域经济管理的各个环节、各项工作内容看作是整体的一部分，是一个统一的系统，并在这样一个前提下来研究确定各个局部要解决的任务，研究它们与总体目标之间的相互联系和相互影响，作出整体的运筹规划。同时，必须在区域经济管理的系统中强调，局部的目标不应与整体的目标相冲突。应当充分认识到，自觉或不自觉地损害上一个层次利益的结果，不仅对全局利益有影响，归根到底对本区域这一局部的发展也是不利的。

3. 层次性

由于区域经济管理系统本身的复杂性，决定了必须分层次进行管理。上一层次不得随便干预下一层次的正常管理活动，下一层次则必须向上一层次负责。如果层次不分，权责不明，相互干扰，相互推诿，就会在区域经济管理上出现混乱的局面，也就谈不上区域经济管理的效率。

（二）分合原则

为了实现区域经济高效率的管理，就需要在区域之内实行明确分工，在分工的基础上实行有效的综合，这就是分合原则。分合原则的基本指导思想是整体观点。不充分认识区域整体的要求及其运行规律，分工就是盲目的；而分工又是基础，没有分工，整体只能处于一种松散杂乱的状态之中，不能构成一个有秩序、有活力的区域系统，因而也就不会产生较高的区域经济管理效率和较好的区域经济管理效果。

区域分工是讲究效率的分工。在我们这样一个幅员广大、资源丰富的国家里，由于各地区自然条件、地理特点、资源分布、交通运输等条件的不同，实行合理的区域分工是极其必要的。我国应该按照自己的特点，因地制宜地发展经济。在区域规划上，必须坚持宜农则农、宜工则工、宜林则林的方针，逐步建立起一个以充分反映本地区优势、不同类型的区域性基地为基本特征的经济结构。区域有了分工，则要求正确地解决好分工与整体效益的关系。这就需要有一套切实有力的战略规划措施和手段，使分工的各个方面按照总体规划的要求，同步协调，切忌不顾条件地搞"大而全""小而全"，或盲目决策，盲目建设，从而造成浪费。只有这样，才能形成区域经济管理的高效率的运转体系，取得最佳的区域经济发展速度和经济效益。

（三）动力原则

要使区域经济有活力，能持续地运行，必须要有强大的动力。而正确地运用动力，是区域经济管理中一个非常重要的原则。

区域经济管理同其他各种管理一样，有三类基本动力：物质动力、精神动力、信息动力。

1. 物质动力

这是区域经济管理的根本动力。列宁所提出的新社会比旧社会一定会创造更高的劳动生产率的理论，就是一种物质动力的理论。对生活在某区域的每个成员来说，必要的工资、奖金和加薪等物质动力措施，在区域经济管理工作中是不可忽视的。马克思主义认为，人们进行生产斗争和阶级斗争，都是直接或间接为了获得物质利益。在一个区域范围内，每个部门、企业、劳动者必然关心自身的物质利益。从某种意义上讲，人民群众对于自身物质利益的关心，是区域经济发展的原动力。因此，在区域经济管理中，有效地运用物质利益的激励机制，是提高管理效率和经济效益的重要工作内容。

2. 精神动力

区域经济的管理活动，主要是人的活动，而人是具有精神和意识的，因而，调动人的积极性，不仅需要物质动力，而且需要有精神动力。精神动力包括给予精神鼓励、爱国主义教育和日常思想政治工作。在一个区域内，必须坚持两手抓：一手抓物质文明建设，一手抓精神文明建设。要切实加强区域内思想道德建设，引导人们树立正确的世界观、人生观和价值观。认真贯彻公民道德建设实施纲要，弘扬爱国主义精神，以为人民服务为核心、以集体主义为原则、以诚实守信为重点，加强社会公德、职业道德和家庭美德教育。只有不断提高广大群众的政治思想觉悟和无私奉献的劳动态度，区域经济建设和发展生产力才具有强大的精神支柱。

3. 信息动力

在当今时代，一个国家、一个地区，要想取得经济的发展和各方面的成功，离不开信息。随着区域经济的发展，对信息的需求不但在数量上不断增加，而且在时效性、准确性等方面也提出了越来越高的要求。对于区域经济管理来讲，衡量其是否有活力的一个基本标志，就是看它能否获得更多更新的信息。在市场经济特别是知识经济的条件下，信息是区域经济管理的基础和依据。只有根据市场需要来组织生产，区域经济才能获得不断发展的动力。

在区域经济管理工作中，运用动力原则，必须注意其度。这是运用动力原则的数量界限。其"刺激量"以最大限度地调动区域劳动者的积极性和实现区域战略目标为宜。应当看到，三类基本动力不是绝对静态地处于区域经济管理过程之中，而是随着时间、地点、条件的变化而变化。区域经济管理如何在不断变化的情况下，使各类动力在动态的组合中协调、充分地发挥作用，是一个十分重要的问题。

（四）协调原则

区域经济管理属于中观经济管理活动，一定要注意临界关系，加强上下左右的协调。区域经济有广泛的横向联系，因此不能只看到自身的发展，还要顾及左邻右舍的竞争和渗透。区域经济还有纵向联系，既要顾及国家利益，又要顾及下面各个层次地区及各企业的利益。必须认识到，社会化大生产条件下的联系错综复杂，市场需求经常处于变化之中，尤其是我国幅员广阔，人口众多，更应在区域经济管理中注意贯彻协调原则。

在区域经济管理工作中贯彻协调原则，对于区域内的各地区、各行业的发展不能搞均衡化，要有重点。要在条件较好、有较好基础或基础虽差但有进一步发展条件的区域，加大发展力度，这样才能使区域的优势得到充分发挥。在贯彻协调原则过程中，特别要做好本区域大型企业和建设项目的协调工作，从资金、人力、物资的供应上进行综合平衡，搞好区域的综合协调，以保证经济建设的良性运行。

在区域经济管理工作中，贯彻协调原则，要做好"内联外引"。所谓"内联外引"，是指在区域内部实行以专业化协作为基础的经济联合，积极组织引进区域外部的先进技术、设备、信息、管理和资金。只有实行区域内部的专业化协作和经济联合，才有利于区域的专业化和分工的发展，提高区域的综合生产能力，也才有利于区域内不同经济成分的互补，共同合作，调剂余缺，发挥区域经济优势。在实行区域内部专业化协作和经济联合的同时，还要注意协调好区域外部的先进技术、设备、资金、信息和管理经验的引进，以利于促进区域内产业结构的调整，以及新的经济增长点的建立与新产品的开发，促进资源的合理利用和管理水平的提高，增强区域产品的市场竞争力。

（五）民主集中制原则

在区域经济管理工作中，必须坚持民主集中制原则。这一原则是通过决策的民主性与日常指挥的集中性的有机结合实现的。

民主集中制原则在管理中的应用，是由国家和社会主义生产资料公有制的性质和社会化大生产的要求决定的。无产阶级革命导师历来重视人民群众的民主管理权利。列宁在十月革命胜利后不久曾经说过："我们认为最重要和最可贵的，就是工人已经亲自担负起了管理工作。"[1] "要让所有的人，不论党员和非党员……都有机会管理和创造财富。"[2]

---

① 列宁. 列宁全集 第 35 卷 1918.7-1919.3[M]. 北京：人民出版社，1985：139.
② 列宁. 列宁全集 第 35 卷 1918.7-1919.3[M]. 北京：人民出版社，1985：135.

在现代化大生产的条件下，在区域经济生产力和科学技术不断发展的条件下，区域经济管理不得不面临这样一种局面：分工越来越细，产业、行业、企业之间的依赖关系不断增强，影响管理的因素显得更加复杂和多变。在这一情况下，为了减少决策失误和失误而带来的损失，区域经济管理系统必须有一套强有力的民主矫正机制，才能发挥广大干部和群众的聪明才智，调动起他们从事社会主义建设的积极性、主动性。可以说，没有管理的民主，就不可能有管理的科学化。

对立统一规律是事物发展的普遍规律。这一规律同样适用于区域经济管理。有集中没有民主不行，有民主没有集中也不行。管理的集中性，主要是来自社会化大生产。列宁于 1918 年在《苏维埃政权当前的任务》一文中指出："任何大机器工业——即社会主义的物质的、生产的源泉和基础——都要求无条件的和最严格的统一意志，以指导几百人、几千人以至几万人共同工作。这一必要性无论从技术上、经济上或历史上看来，都是很明显的"[1]。在区域经济管理系统内部，决策固然是一项重要的工作内容，但其管理更多的却是表现为日常的、具体的指挥、协调和控制。这个道理很简单。为了把区域内部广大劳动者的思想意志统一起来，为了把区域内众多的人力协调起来，为了保证区域战略目标的实施，就必须建立一个有权威的、集中统一的区域日常指挥系统，来行使区域管理的指挥、协调权。可见，区域经济管理需要集中制如同管理需要民主制一样，这不是谁的主观意志决定的，而是区域社会化大生产发展的客观要求。

第二节　区域经济管理内容

一、区域生产力

（一）区域生产力的特点

我们知道，生产力诸要素结合成现实的生产力，具有一定的特殊性。这种特殊性表现在我们可以从不同的角度考察生产力诸要素结合的情况。如从范围上考

---

[1]　中共中央马克思恩格斯列宁斯大林著作编译局. 列宁选集 第 3 卷 [M]. 北京：人民出版社，1995：520-521.

察，生产力诸要素的结合既可以在一个企业内进行，构成企业生产力，也可以在一个区域内进行，构成区域生产力，也可以在全社会范围内进行，构成国民生产力。这三个不同领域的生产力，既相区别，又相联系，各有其自身的特点。作为区域生产力，它既不同于企业生产力，又不同于国民生产力，具有以下特点：

1. 区域生产力的中间性

中间性，是指区域生产力介于企业生产力与国民生产力之间。区域生产力比企业生产力具有更大的广延性，但这种广延性又必须保持在一定的范围之内，即它在一定的区域范围内活动着，因而要求区域内的产业结构和产品结构有一定的比例性。这样，从某种意义上讲，一个区域经济本身就是一个经济协作区，它包括门类众多的企业，生产各种各样的产品。但又由于区域经济自身资源条件、技术条件、地理位置的限制，又不能像整个社会那样，什么产品都生产，什么项目都经营。为了发挥区域经济优势，不少产品往往需要同其他区域相交换，才能保证供应。另外，区域生产力的中间性还表现为它在企业与社会之间起着承上启下的作用，是企业生产力向社会生产力的一种自然过渡形式。

2. 区域生产力的相对性

区域经济本身就是一个相对的概念，因此与之相对应的生产力亦具有相对的属性。区域生产力的相对性不仅表现在它随着经济区域的不同而有所区别，而且在一个经济区域内又可以划分为若干低层次的经济区域，从而又有了若干个多层次的区域生产力。

3. 区域生产力的差异性

不同区域生产力存在着差异，这是不言而喻的。比如，我国东部地区技术先进，工业发达，资源相对不足，属于生产力发达地区；我国西部地区技术力量较薄弱，工业发展水平较低，资源相对充足，属于生产力欠发达地区；我国中部地区兼有东西部的特点，但是经济不及东部地区发达，又比西部地区先进，属于生产力较为发达地区。我国区域生产力的这种差异性，是制定区域经济发展战略的依据。

（二）区域生产力发展的基点

区域生产力的发展必须服从国家经济发展的总目标。这一目标就是在努力提高科学技术水平和经济效益的基础上，促使国民经济持续、快速、健康发展，实现我国经济现代化"三步走"的发展战略。为此，发展区域生产力必须遵循这样几个基点：

1. 促使全国经济尽快增长及效益提高

发展区域生产力应从国民经济全局的高度出发，不仅要促进区域经济尽快地增长，而且要促进全国经济尽快地增长；不仅要促使区域经济效益提高，而且要促使整个国民经济效益提高。各区域生产力的发展，由于它们发展的阶段、起点和条件不同，发展速度不一样，条件好的区域可以发展得快一些，条件稍差的区域应努力创造条件求得发展，但其最终基点应是尽快增加整个国家的经济总量。发展区域生产力，促使区域产业结构优化，是为了提高资源空间配置的效益。提高经济效益是区域生产力发展的主要目标之一。只有抓住提高区域经济效益这个一切经济活动的中心环节，生产要素才能实现在一定空间上密集而合理的结合，从而产生出巨大的聚集效益和规模效益。区域经济效益提高了，整个宏观效益也会提高。区域生产力发展基点，应着力在提高区域经济效益的同时，促使宏观效益的不断提高。

2. 促使区域产业结构合理和高级化

针对目前各区域产业结构趋同和地区间产业结构缺乏严密分工的现状，发展区域生产力应将区域产业结构的调整和优化作为一个重要目标。合理的区域产业结构，不仅要考虑地区之间的合理分工，还应考虑经济全球化和我国加入世贸组织而导致的国际分工的影响，从市场、资源、资金、技术、劳动力等要素的现实及潜在条件出发，形成具有区域经济比较优势的产业分布格局。生活在现今不同区域的每一个人，无论是经济发达区域或是欠发达区域，无不受益于科学技术的恩泽；构成区域现代文明的每项成就，无不凝聚着科学技术的贡献。如果在以往的历史中，人们正是凭借科学和技术迫使自然界为自己的目的服务，极大地改变了社会生产的面貌，那么在新的 21 世纪，科学技术更会以从未有的速度和规模给人们带来远远超出过去所能想象的改变和向往。为此，一定要以新的科学技术改变区域原有产业结构的构成，建立以高新技术产业为先导、基础产业和制造业为支撑、服务业全面发展的产业格局，促使区域产业结构高级化。

3. 区域经济联系要密切

要通过区域生产力的发展和有效的区域经济管理，发展区域专业化分工，加强区域之间的经济联合和协作关系。各个区域之间紧密的经济联系，是促进各区域乃至全国统一市场发育、发展社会主义市场经济的必由之路。这也是区域经济管理的应有之义。国家利用其掌握的资源进行空间配置，应以沟通区域间的经济联系为重点，特别是要重视兴建一些关系国民经济全局的大的基础设施和基础产业项目，为密切区域经济联系奠定坚实的物质技术基础。

4. 区域经济发展差距要适度

国内外区域经济发展的实践和理论都证明，经济效率与收入的均等化是有一定矛盾的。在经济发展较低的阶段，为了追求全国经济的尽快增长，区域之间经济发展差距有可能扩大。但是承认经济发展差距的客观存在性并不等于国家放任不管，区域经济发展差距的过分拉大是不明智的。事实证明，区域经济发展差距拉得过大或长期拉大，都不利于国民经济的持续发展，更不利于一些社会问题的解决。因此，把区域经济发展差距尽可能地控制在一定范围之内，应当是区域生产力发展和管理的基本任务。

5. 要考虑民族、环保等社会发展目标

从我国是一个多民族国家且少数民族地区生产力发展水平相对较低的现实出发，区域生产力发展还应有利于保障少数民族地区经济的不断增长。同时，区域生产力的发展要有利于自然资源的利用和生态环境的平衡和保护，坚持可持续发展。在全面建成小康社会的过程中，要使区域可持续发展能力不断增强、生态环境得到改善、资源利用效率显著提高，促进人和自然的和谐发展。

二、区域产业布局

（一）区域产业布局指向

由于产业技术经济上的特点而产生的一、二、三次产业的指向，是区域产业布局的重要依据之一。根据不同产业的指向性，选择最优区位，是优化区域产业布局必须要遵循的原则。所谓"指向"，是指某种、某些因素对某种产业具有特殊的吸引力，产业中的较多部门和行业要相应地被吸引到某个区位。"指向"是

一个客观的经济范畴，产业地区布局的重要任务之一，就是按照"指向"尽可能地缩短各生产要素之间、生产与消费之间的空间（地域）分离，以取得劳动的节约和效益的提高。如果在不同的区域都同时具有一切产业布局所需要的生产要素，能够满足区域生产多方面的需要，保证再生产过程的各个环节的协调运转，那么区域产业布局就很简单了。但在现实生活中，这种前提是不存在的。在许多情况下，各生产要素的地区分布不在一起，有些甚至相距甚远。同样，产业的适宜区，不一定就是主要产品消费区。相反，消费区的需求也不一定是这一区域范围内部适于生产的。自然要素包括矿产能源资源、土地资源、水资源等的地区分布，取决于自然规律，在自然规律长期作用下形成的矿藏，在类型、储量、质量、开采条件等方面有诸多的差异。而人口、劳动力及其他社会经济资源的地理分布，则取决于社会经济规律，在许多情况下，同上述自然资源的地区分布是很不一致的。这两大类资源内部各组成要素的地理分布也往往是相互分离的。而任何一个地区的产业运行，首先都需要付出劳动，用多种方式把分离的生产要素集中起来，组织起来，才能顺利运转；各种产业的产品生产出来后，还需要付出多种劳动，通过相应的渠道、组织，送到不同地区、不同消费者手中，才能保证再生产各个环节得以不停顿地、周而复始地持续下去。这些劳动消耗量的大小，直接取决于产业及其部门的选点。布局合理，就能多方面节约劳动的消耗。另一方面，有些区域，生产要素的空间组合较好，布局的基本条件相对齐全，对多种部门都有较大的吸引力，但其容量是有限的，不可能无限制地容纳许多企业。哪些部门摆在这里最合适，哪些部门要另选区位，这也要因产业和部门的指向而区别对待。

当然，在区域内各产业布局的指向作用，不是固定不变的，往往因技术进步、新兴产业的出现而发生变化。

（二）区域产业布局模式的几种构想

改革开放以来，人们根据对区域发展规律的不同认识，从不同角度相继提出了产业布局的不同模式，在这里有必要加以介绍。这些模式构想概括起来有以下几种：

1. 梯度推移论

梯度推移论，是 20 世纪 80 年代以来对我国区域政策和实践影响较大的区域经济发展模式构想之一。主张梯度推移论的学者认为，我国工业区域的发展水平呈现着"东部、中部、西部"为顺序的梯度态势，即发达的东部地带、次发达的中部地带、不发达的西部地带。这种三级梯度的形成，是由我国区域经济发展中的历史、自然、社会等多种原因决定的，是区域经济发展不平衡规律的典型表现。所以，我国的区域发展政策应当在承认这种客观存在的梯度基础上，因势利导，充分发挥梯度差的经济势能，首先发展东部地带，再带动中部地带的发展和西部地带的开发。具体的构想是：经济技术水平发达的东部沿海地带应面向世界市场，建立一个以技术密集型产业和知识密集型产业为主体又有发达的信息、科研等第三产业相配合的经济结构。当东部地区掌握了世界的先进技术和积累了足够的力量之后，再逐步将其向中、西部推移。与此同时，东部以调整产业结构为依托，以发展外向型经济为主动力，以产业结构高级化、经济发展集约化为主要内容，将其传统产品的生产能力和国内市场让渡给中、西部地带。中部经济地带处于全国的腹地，是东、西地带的结合部，具有"承东启西"的作用；应充分利用地理条件优势，承接东部沿海地带转移来的先进技术和让渡的国内市场以及生产能事，在抓紧能源和原材料资源型产业发展的同时，实行加工工业及能源工业的综合发展。西部地带要实现经济起飞，要循梯而上，重点发展占有较大优势的初级产业、劳动密集型产业与资源密集型产业，积蓄力量，尽快接过那些从东部淘汰、外溢出来的产业，并根据自身的条件，搞外向型经济，增强自我发展、自我积累的能力。

2. 反梯度推移论

反梯度推移论与梯度推移论截然不同。持这一理论的学者认为，我国三次产业水平呈东、中、西三级梯度态势是客观的事实，但不是产业布局必须遵循的规律。因为现有三次产业水平的梯度顺序，并不一定就是采用先进技术和经济开发的顺序。落后的低梯度地区，只要政策得当、措施有力，也可以直接引进采用世界最新技术，发展自己的高技术，实行超越发展，然后向二级梯度、一级梯度地区进行反推移。反梯度推移论者指出，21世纪中叶将是我国原材料消耗量增长率最高的时期，巨大的矿物原材料需求主要靠进口是不行的，国家产业结构发展必须向矿物原材料工业倾斜，确保它的优先发展。我国内地能源、矿产资源丰富，产业发展向能源、原材料工业倾斜，客观上要求区域发展向"两源兼富"的内地倾斜。与此同时，还认为梯度推移论无论作为对中国生产力状况的实证性描述，还是作为中国工业发展的规范性指导，其局限性和片面性是明显的。他们指出，我国现代经济与传统经济并存的二元结构，并不主要表现为沿海地带经济与内地经济之间的所谓梯度差异。我国东部、中部、西部的各地带内均有现代经济与传统经济、发达地区与不发达地区的差异。即东部有不发达地区，中、西部也有比较发达的地区，而这些差异同样是制约我国区域经济发展的重要因素。而且，梯度推移论将投资重点放在东部沿海地区，将市场大幅度向该地区倾斜，必然阻碍全国统一市场的建立，将不可避免地使区域市场壁垒有进一步强化之势，这是社会主义市场经济的健康发展不应该有的。

3. 区位开发论

持区位开发论的学者认为，现代工业只能首先在少数区位中发生、发展，然后向非区位扩散移动。这是由经济发展的不平衡性所决定的，是与规模经济与聚集经济密切相关的。持这种观点的同志还指出，经过中华人民共和国成立后几十年的建设，我国工业布局已经发生了深刻的变化，在全国范围内形成了一批不同类型的现代工业区。这些现代工业区已不均匀地分布于全国，呈现为一种复杂的区位分布，而不是简单的"东、中、西"梯度分布。区域发展政策应重视区位与非区位之间以及区位之间的相互作用的运动过程。一是区位现代经济的发展导致原区位的扩大与提高；二是区位现代经济的发展推动、诱发新区位的产生，从而增加区位密度；三是现代经济从区位向非区位扩散，使区位经济现代化。这三种运动最终导致现代经济与传统经济双重结构的消失，从而实现国民经济在全国范围的现代化，这是工业区位开发的一般过程。因此，区位开发论主张经济发展要采取集中与分散相结合，既通过首先在区位集中发展，取得较好的聚集经济效益，又通过区位的适当分散，充分发挥分布在全国各区域的现有工业基地（区位）的作用，利用各区域发展现代工业的条件和优势，使各区域都取得较好的经济效益。如果片面强调优先发展东部，将使中、西部原有工业基地得不到应有的发展提高，资源优势得不到发挥。东部的不发达地区，有的适合近期成为新区位，有的则不适合，而急于把资金投放在东部一些条件差的地区，经济效益将显然不如投放到中、西部具有条件的新、老工业区位。他们认为，无论是根据工业化的一般规律还是根据中国的国情，中国的区域经济发展都必须实行一种集中与分散相结合的区位开发模式。

4.一个半重点论

一个半重点论者提出，我国生产力分布的现状可以分为四条线：一线为东部沿海省、市、自治区，包括辽宁、北京、天津、河北、山东、江苏、上海、浙江、福建、广东、海南、广西；二线包括黑龙江、吉林、内蒙古、山西、安徽、江西六个省区；三线为云南、贵州、四川、重庆、陕西、甘肃、湖南、湖北、河南、宁夏十省区；四线为新疆、青海、西藏。根据这四线在全国国民生产总值中所占的比重，他们认为全国生产布局呈波浪形态势：一线最高，二线稍低，三线稍高，四线最低。一、三线两大地带集中了我国第二产业的主力和精华，形成了我国工业的主体骨架，决定着中国当前和今后产业发展的基本态势。因而提出，在考虑产业布局的区域政策和区域发展战略时，应以此作为基本依据和出发点，采取一个半重点的发展模式，即东部是一个重点，西部是半个重点。国家应把经济发展的重点放在东部地区，同时要发挥西部现有工业基础的作用，为21世纪我国经济发展重点的转移打下坚实的基础。一个半重点不是一个凝固不变的静态模式，而是一个发展变化的动态趋势。半个重点在西部地区经济的发展过程中将会日益增强其规模和水平。随着国家经济发展实现由东部向西部的战略转移之后，西部的半个重点亦会成为一个重点。

5."四沿"展开论

主张"四沿"展开论的学者认为，在我们的国土上，有四条纵横交错的经济地理带静卧在广袤的原野上。纵的有两条：沿海地带，沿京广线地带。横的也有两条：沿长江地带，沿陇海兰新线地带。因此，我国产业的区域布局应以"四沿"地带展开。他们指出，沿海作为优先和重点发展地区在改革开放以来已付诸实施，并已取得举世瞩目的成就，沿江、沿两线在经济上作为重点发展地区的条件也是具备的。其理由是：这三个地带横跨我国东西，纵贯南北，现代工业发达，交通运输条件优越，是我国自然资源的主要集中地，有较好的经济技术基础，集中了上海、南京、广州、福州、青岛、大连、武汉、西安、重庆、乌鲁木齐、石家庄、株洲等一批大中城市，汇集了中国第二产业的部分精华，具备了经济发展的基本条件。加上长江作为我国重要的内河航道，既有沟通世界之便利，又有深入内陆腹地之优势，是长江一线经济发展的"黄金水道"；京广铁路历史上就是我国重要的南北通道，它同许多铁路线衔接，可以起到启动纵向区域发展的龙头作用；

新欧亚大陆桥的全线贯通，使绵延在北方内地的陇海兰新铁路得以与国际铁路接轨，为这一地带经济的振兴创造了优越的条件。因此，采取"四沿"展开发展经济，不仅对我国国民经济的健康发展起到重要的作用，而且还能克服"梯度推移论"的最大不足，使区域发展战略更加完善。

6. 点轴开发论

点轴开发论者认为，生产和产业布局不仅表现为各产业在各区域的分布，而且还表现为产业在点、线、面上的分布与组合，从而形成多种类型的产业城市、产业基地、产业带、经济密集区和多层次的经济区域。他们还认为，自从大机器工业出现以后，产业布局，特别是第二产业布局的首要特征就是由分散转向聚集，利用"聚集效益"，形成"生长点"，并通过辐射扩散，由"点"到"面"；各产业基点依靠水陆交通运输干线、输电线路和通信网络，联"点"成"带"。产业带、城镇带纵横交织，进一步组成多层次的经济网络。按照上述途径，产业布局沿着分散—聚集—再分散的轨迹螺旋式展开，这是不断提高生产社会化程度的客观要求，也是伴随社会生产力水平提高产业布局的必然趋势。企望超越必要的聚集阶段，直接采取"遍地开花"式来扩展产业布局，必然导致经济效益低下，最后又不得不回过头补课。他们还指出，鉴于我国现有运输网密度低，短时期内难以将其很快提高，发展经济，建立纵横交错的产业带、城镇带，形成我国产业布局的骨骼系统，除了依托现有运输网络和建设新线路，实行点轴集聚逐步扩散，是较为理想的区域经济发展战略模式。

7. "H"形布局论

"H"形模式的含义是：右侧的"I"是指东部沿海地区，左侧的"I"是指三线地区（包括云南、贵州、四川、陕西、甘肃、湖南、湖北、河南等）和兰新—北疆铁路沿线，"–"是指陇海线和长江流域之间的广阔地带。认为我国最合理的产业布局应是"H"形布局。这一布局结构不仅充分估计了东部沿海地区和长江流域的战略地位，而且也从战略高度挖掘了原三线地区和陇海—兰新—北疆铁路所蕴藏的巨大潜力，并且把两者紧密地联系起来。这样，既把东部沿海地区的战略优势，通过长江和陇海—兰新铁路，深挖原三线地区的潜力，又用后者释放出来的力量，进一步增强东部地区"内联外引"的实力。

以上区域产业布局模式的构想，尽管有很大差异，但应当说，其共同点是：

都认识到了我国区域差异存在的客观必然性和我国产业布局的基本特征，都强调了区域产业要合理布局，以便利用区域间经济发展的差异和地域分工原则，扬长避短。通过商品交换和市场交易，来最大限度地促进区域经济和整个国民经济的发展。

（三）21 世纪前期中国区域产业布局的基本框架

经过 20 世纪 90 年代我国各区域生产力的快速发展，各地区经济总量和发展质量均获得很大提高。但不可回避的现实是：区域生产力发展不平衡的状况加剧，区域之间经济差距拉大。因此，对 21 世纪前期（可以界定为前 10 年），要对我国区域产业布局的基本框架进行设计，即对这一时期区域产业布局作宏观安排。这种框架可以采用多种模式进行构造。我们认为，结合我国现有的行政区的设置，按照建立社会主义市场经济体制和培育、发展全国统一市场的要求，本着扩大区域市场，将经济发展布局框架与对外开放布局框架耦合起来，形成外引内联、双向循环、东西互补、南北联动的六大区域产业布局，是可行的。这种框架的主要内容是：

1. 东北地区

东北地区包括辽宁、吉林、黑龙江三省和内蒙古东部的三盟一市（呼伦贝尔、兴安、通辽市和赤峰市），土地面积 124 万平方公里，人口约 1.13 亿。本区域位于东北亚的中心地带。东北部同俄罗斯的远东与西伯利亚接壤，西部与蒙古的东部相连，东南部与朝鲜半岛毗邻，并与日本隔海相望。整个地区海岸线长，地理位置重要，综合交通网络健全，是我国交通网密度较高、现代化运输方式比较齐全的地区之一。中华人民共和国成立后，国家把东北作为重点建设地区，建成全国第一个以钢铁、石油、机械、化工、建材等为主的重工业基地。同时，农业也得到了长足发展，形成了农林牧副渔俱全的大农业结构。制约因素主要是产业结构性矛盾突出，工业结构过度重型化和前倾化，技术老化，经济效益低且长期计划经济体制带来的企业包袱重，致使国有企业亏损严重，科学技术对经济发展的贡献度小，水资源分布不平衡，相当部分地区缺水，从而限制了本地区工农业的发展。

发展的重点是加快从资源开发和初加工型的产业模式向高、精加工型产业模式转换。具体地说，就是要推进技术进步，搞好产品的深加工、精加工，努力提高经济效益，大力发展微电子技术、信息技术、新型材料、生物工程、激光和海洋开发技术，促进产业结构高度化。加大改革的广度和深度，改变地区和企业"大而全""小而全"的模式，推动大型企业开展规模化经营，组织大型企业集团。对中小型企业要选择相适宜的产权形式和企业经营方式，分别采取联合、兼并、租赁、股份合作、破产等形式，把它们放开搞活，走向市场。在大力发展农业的同时，加强内蒙古东部的煤炭开发，稳定作为全国主力油田的大庆、辽河油田的产量，扩大能源、房材料来源。大力推进区域经济外向化，利用自身有利条件进行沿海、沿边双向开放，积极参与东北亚地区的国际合作。

2. 环渤海地区

环渤海地区包括辽宁、山西、河北、山东四省以及内蒙古七个盟市和北京、天津两个直辖市，土地面积 112 万平方公里，人口约 2.4 亿。本区域东临黄、渤海，北通东北，南接华东，西靠西北、华中，是我国许多地区进入太平洋、连接亚欧非的通道。区内交通、通信比较发达，以北京为中心的铁路、空运辐射全国。同时，北京又是我国的政治文化中心和国际交往中心；天津、秦皇岛、青岛、烟台等港口可直通海外；东部黄、渤海地区与韩国隔海相望。随着中韩贸易额的增加，该地区与东北亚区域经济合作的机会越来越多，成为将来形成的东北亚经济圈的组成部分。区内天津作为我国北方的优良海港，不仅是华北和西北部分省区的出海口，同时也是我们邻邦蒙古人民共和国进入太平洋最近的海上门户，从而成为我国北方同上海相呼应的国际化城市。全地区科技、信息、文化发达，人才优势明显；资源丰富，煤、铁、石油、稀土储量在全国占的比重很大。

煤炭资源储量占全国 60% 以上，原煤产量占全国 1/3 以上，大部分煤田分布于山西境内、山东的西南部和内蒙古，且埋藏浅，易于开采；铁矿储量接近全国的 1/3，主要分布在辽宁和冀东地区；区内石油储藏，主要分布在辽南、冀中、冀东沿海一带以及山东东部，但近几年可开采量呈较快减少趋势；渤海海域的油气资源，前景相当良好；内蒙古境内的稀土矿世界稀有。全区依托有利的地理位置和丰富的自然资源，成为我国经济实力最雄厚的地区之一，并极有利于对外对内的双向开拓。本地区面临的问题和制约因素主要是淡水资源严重不足，区内经济发展差异明显，传统产业结构不合理，技术改造任务艰巨，资源型的不发达地区支柱产业单一，经济效益低，高技术产业有些地方进入发展阶段，如北京中关村高科技园区和上地高新技术开发区，但大部分地区刚进入发展阶段。

发展到现在，该区域经济的基本特点是以强大的煤矿工业为依托，立足于区内丰富的矿产资源、海洋资源与农业原料，采掘、原材料和重型、轻型加工制造业都比较发达。发展的重点是：第一，以改革开放为动力，以产业结构的调整、升级为重点，加强区内的互补性，扩大以煤炭和电力为中心的能源建设和技术改革；第二，完善以运输、供水为主的基础设施建设，抓好生态农业、信息咨询、房地产和新兴的第三产业，保持好区域内的生态平衡；第三，进一步发挥北京、天津等市区的科技优势、信息优势和智力优势，积极发展高新技术产业，完善已建立的高新技术园区；第四，积极发展优势资源的加工转换，搞好能源（煤、电、油）、重化工（冶金、机械、电子、煤化工、石油化工、海洋化工、精细化工）基地的建设；第五，加快金融政策改革，拓宽筹资、融资渠道，构建统一的地区金融市场，积极探讨建立环渤海经济圈的共同开发基金。

3. 长江中下游地区

长江中下游地区包括江苏、浙江、安徽、江西、湖南、湖北六省以及上海市，土地面积81.7万平方公里，人口3.25亿。本区域兼有沿海沿江之利，区域发展条件优越。既有富饶的两湖（洞庭湖、鄱阳湖）平原、苏皖平原、长江三角洲平原、杭嘉湖平原，又地处太平洋沿岸，加上浦东的开放、开发，是我国对外开放的前沿阵地。处于沿海与沿江的交汇地带，既便于参与国际大循环，又可通过黄金水道及多条铁、公路干线，连接国内各经济区，发挥其辐射作用。本区人口稠密，市场容量大，是全国市场重心区。

本区域经济发展的比较优势还有：水能和水资源丰富，水运潜力巨大；工业基础雄厚，城市化水平较高；商品农业发达，乡镇企业发展已具有规模；矿产资源中，铜、铅、银、金、磷、硫等资源丰富，但铁、煤、石油等矿产储量不足。这一地区是我国最大的东西经济走廊，将以浦东开发开放和三峡工程建设为契机，以上海为龙头，以长江干流为主轴，以湘江、汉江、赣江等支流组成的网络为骨架，以上海、南京、武汉等大城市及一批各具特色的中小城市为支撑点，辐射广大腹地，逐步形成一条横贯东西、连接南北的产业密集带。

中华人民共和国成立以后，前30年，由于国家经济建设重点西移，沿海老工业区的更新、改造和提高缓慢，区域经济增长受到影响。同期，鄂、湘、皖、赣经济实力有所加强，其中，湖北是国家投资重点省。直到 20 世纪 80 年代，全国布局重点东移，改革开放和沿海发展战略的实施，给本区域带来了新的机遇，沪、苏、浙经济得到快速发展。

长江中下游地区跨我国中、东两大地带，地带分界线也就成为区内亚区划分的重要依据。东部沪、苏、浙三省市，为长江三角洲亚区；西部鄂湘皖赣四省为长江中游亚区。两个亚区经济社会发展水平差距明显。东部亚区已进入以信息化带动工业化阶段，而西部亚区的工业化仍然要走较长的路程。

长江中下游地区工农业发达，生产技术水平、信息化水平、经营管理水平较高，经济综合性强。区内的东部有技术、有资金、有人才，加工能力大；西部有资源、有原材料；东西南北经济上的互补能力较强。鉴于本区域东、西两个亚区经济发展水平及所处的发展阶段差距较大，分别制定各亚区的发展重点是必要的。

长江三角洲亚区发展的重点是：第一，以上海浦东开放开发为契机，加快经济发展，进一步扩大对外开放，把上海建设成为远东地区经济、金融、贸易中心之一，同时带动长江沿线经济的发展。第二，对产业结构进行战略调整，以先进技术改造传统产业，加快发展信息业和新兴产业，提高高新技术产业和创汇产品的比重，积极发展高效高产农业。第三，加快上海—南京的沿江港口建设，发展江海运输；利用已建成的沪宁高速公路、江阴大桥，依托扬州、镇江、南京重化工业基地，充分利用镇江以下长江深水岸线，建设发展石化、建材、钢铁等重化工业，使沿江经济连成一体。第四，依托沪杭铁路、沪杭甬高速公路连接浦东和宁波，充分利用北仑港为浦东服务；加快北仑深水港的开发建设，把它建设成为长江口一个重要的重化工基地。

长江中游亚区各省要依托沿江现有大中城市，可选择芜湖—安庆，九江—南昌，武汉—黄石，岳阳—长（沙）、（湘）潭、株（州），宜昌—万州区等几个区段，临江布局，干流先行，两翼展开，逐步建成各具特色的沿江工业走廊，并从中再选择若干工业基础较好、资源富集的区段，集中力量，建成一批投资开发区。同时，将三峡工程建设与库区的开发结合起来，形成多重效应。

4. 东南沿海地区

东南沿海地区包括福建、广东、广西、海南四省区，土地面积 57.7 万平方公里，人口约 1.3 亿。本区域具有沿海、毗邻港澳台的区位条件，拥有众多海外华侨、华人的人缘条件。在 1949—1978 年的"海防前线"时期，本地区经济发展比较缓慢。20 世纪 70 年代末以来，世界政治形势趋向缓和，和平与发展成了当今世界的两大主题。基于国际、国内形势的变化，作为改革开放方针的具体体现，1979 年 7 月党中央、国务院决定赋予福建、广东两省在对外经济活动方面实行"特殊政策、灵活措施"的权力，并于 1980 年 8 月至 1981 年 11 月相继成立了深圳、珠海、厦门、汕头四个经济特区，从此揭开了本区域改革开放的序幕，带来了本区域经济的快速发展。1988 年 4 月，经第七届全国人民代表大会第一次会议批准，成立了海南省，并决定全省为经济特区。国家之所以选择在东南沿海作为改革开放的前锋，正是考虑到濒临海洋、毗邻港澳、华侨众多等条件。

本区域外向型经济结构已经形成，利用外资和出口创汇规模均居全国前列；经济增长速度快，多年来一直高于全国平均水平。制约因素是煤炭、石油等矿产资源储量少，区内经济水平差异大。

本区域今后发展的重点是：第一，继续扩大开放，发展外向型经济，做好与香港、澳门经济的衔接。第二，大力推进海峡两岸经贸科技交流，发展两岸经济贸易往来。第三，推进产业结构调整，提高工业制成品特别是精细加工制成品的比重，重点发展电子、仪表、高中档食品罐头、服装及热带、亚热带作物和海产品的深加工。第四，发展外贸型农业，根据比较利益原则，扩大高价值的热带、亚热带经济作物、水果的生产；要把近在咫尺、回归的港澳所需的附加价值高的鲜活产品、花卉包下来，然后逐步进入日本、东南亚、中东市场。第五，加快水电资源的开发以及超高压输电线路的建设，利用区内和国内资源建设和完善大型能源（核能源）基地。第六，把发展第三产业放在重要地位，加快发展金融、信息产业，发展地区内各具特色的旅游业。

5.西南地区

西南地区包括四川、贵州、云南、西藏四省区和重庆市，土地面积 239.5 万平方公里，人口约 1.8 亿。本区域地域辽阔，气候条件复杂，地貌类型多样，自然资源丰富。但处于内陆，远离海岸，与东部沿海地区相比在对外开放中处于不利地位。不过，西南地区有很长的边境线，与印度、尼泊尔、不丹、缅甸、老挝、越南等国接壤，多民族跨界而居，与境外的同一民族血缘同根，语言文化同源，风俗习惯相通，宗教信仰相同，具有广泛的社会联系和深厚的社会基础，自古以来就是促进边境地区贸易往来和经济、文化交流的重要地区。总的看，本区域经济发展相对落后，是一个比较典型的"富饶"与"贫困"的统一体。也正是这种"富饶"与"贫困"的矛盾结合，使这一地区具有巨大的发展潜力和渴求发展的动力。

本区域经济上的"贫困"与资源上的"富饶"，具体表现为：

第一，能矿资源丰富，但开发程度较低，开发潜力很大。辽阔的西南地带地质构造复杂多样，分布着各时代的地层、岩浆岩，造成丰富多彩的矿产。在探明的矿产资源中，有20多种储量占全国的1/5以上，其中钛、铜、汞、铅、锌、钴等储量居全国首位，钮、钛储量分别为全国储量的80%和90%以上。由于西南地区河流密布，干流长，落差大，水流急，水能资源十分丰富，仅西藏一个自治区的水能资源就占全国水能资源的1/3。西南其他三省水能资源的蕴藏量为2.7亿千瓦，占全国总量的40%。

第二，耕地资源不很丰富，但宜林荒山荒地和可利用天然草山草地等居全国各大地区首位，人均水平仅次于西北地区。

第三，生物资源极为丰富。西南地区光热条件好，地貌、气候类型多样，为各种动植物的生长提供了良好的环境。在高等植物中，仅云南省就有1.8万多种，占全国总数的一半以上。西南地区森林蓄积量居各大区首位，是重要的经济林木和中草药生产基地。动物资源在全国亦占第一位，仅国家一类保护动物就有37种。

第四，西南地区山河壮丽，文物众多，发展旅游业的前景良好。本地区是一个各项资源都很丰富的地区。但由于历史基础和发展战略的某些失误，川、滇、黔三省又缺少成本低廉、便捷的出海通道，资源开发和经济发展受到严重影响。

发展的重点是：

第一，抓好以铁路为骨架、公路先行的基础设施建设，发展以沟通省区联系以及区域对外联系的交通通信网络。

第二，农业以实现区域内粮食基本自给和发展经济作物为重点，在平原、盆地大力开展商品粮生产基地建设，在丘陵、山区以涵养水源为中心、以营林为基础，建设永续利用的林业基地；要特别重视热带和亚热带经济作物的生产，使本地区成为全国热带、亚热带经济作物的重要基地。

第三，主导产业选择和产业结构调整应为：一是发展支持国民经济增长并在一定程度上推动本地区经济增长的能源、原材料产业，主要是黑色金属矿采产业、有色金属冶炼及压延加工业、黑色金属冶炼及压延加工业、电力工业（主要是水电）等；二是发挥现有生产力优势，发展能起到"进口替代"并与东部地区合理分工的加工制造业，主要是电子通信设备制造、化学工业、医药工业等；三是支持脱贫富民，支持沿边开放，为经济发展提供资金条件的轻工业和消费品工业。

第四，在加强城市建设和城市发展的同时，要把经济布局逐步向铁路干线和长江沿岸及公路沿线展开，形成以成都、重庆、昆明、贵阳为四级的轴线与长江干流交汇的"中"字型布局框架，同时积极培育新的工业轴线。

6. 西北地区

西北地区包括陕西、甘肃、青海、宁夏和新疆五省区。本区域地处东亚与中亚的结合部，通过陇海、兰新铁路可以沟通沿海和边境口岸；"欧亚大陆桥"的开通又可以向西进击，发展与中亚、西亚、东欧、西欧的交往。矿产资源丰富，煤炭、石油、天然气、镣、钳、钾盐是优势矿产，但水资源不足；资金自我形成能力低，建设资金短缺，但资产存量具有相对优势。对外交通线长，但与独联体中亚几国、蒙古、阿富汗、巴基斯坦等国接壤，具有向西开放的有利条件。

西北这个地域单元内部，存在着自然地理条件、开发方式、发展程度等方面的明显差异。如果以开发方式和开发程度为主导因素，结合生产要素的组合特点，本区域可以划分为开发成熟区、开发成长区、待开发的资源富集区和贫困落后区四个类型区，为此，要采取不同的发展方针。

以关中地区为中心的关陇地区，包括陕西的关中地区及甘肃的陇东、陇东南的平凉地区和天水市属于本区域的开发成熟区。对于这类地区，要加大调整产业结构，充分发挥科技力量雄厚的优势，开发高精尖新产品；加快旅游业和第三产业的发展，改善社会基础结构，扩大对外开放；积极发展中小城市，完善区域城镇体系，改善区域空间结构，区内生产力布局的展开应以沿点轴延伸，逐步形成网络；重点发展以电子工业为龙头，开发光机电一体化产品和信息产业，逐步形成具有全国意义的高精尖新技术密集型产业带。

本区域的开发成长区主要包括两个亚区域。第一个亚区域是以兰州—白银为中心，包括黄河上游沿岸和包兰、兰青铁路沿线的青海西宁和海东市，宁夏的青铜峡、银川等城市，并以陇南西（和）成（县）铅锌矿区和河西走廊的金昌镍工业基地为东西两翼。第二个亚区域是以乌鲁木齐—克拉玛依为轴心的北疆地区。对于开发成长区，要在充分发挥能矿资源优势的同时，大力调整产业结构，适当延伸加工产业链条，促进能矿资源的转换，提高产业结构的关联度。对于该地区第一亚区域，要充分利用丰富的水力资源、矿产资源和煤炭资源，相对便利的交通条件和较好的农业基础，重点发展电力、有色冶金、机电、化工、轻纺、食品等产业，通过轴线开发，逐步建成具有全国意义的黄河上游产业密集带。对于该地区第二亚区域，要充分利用石油、煤炭资源和其他金属、非金属矿产，资源丰富，科技人员相对集中，工业有一定的基础，绿洲经济和草原经济比较发达，动员国内外和区域内部的力量强化兰新铁路和北疆铁路主要工业点的经济基础，使之形成产业密集带，并推动南北疆地区的经济开发和对外开放。

待开发的资源富集区。包括陕甘宁毗邻区、河西走廊—柴达木—东疆资源开发区和南疆塔里木地区。这类地区煤炭、石油、天然气储量丰富，还蕴藏着丰富的盐类、有色金属资源。当务之急是加强地区的交通运输设施的建设，为大规模开发做准备。同时，大力发展教育文化事业，提高人口素质和市场意识，改善投资环境，积极培育地区增长点。

本区域的相对落后地区包括陕北—宁南、陇东—陇中的黄土高原地区，陕南—陇南的秦巴山区，青海的海东市以外地区，新疆的塔里木盆地西缘和南缘。这类地区的特点是：人均收入低，劳动生产率和土地产出率低下；经济开发程度低，产业结构单一，传统农业占绝对主导地位；交通不便，市场不发育，自我积累、自我发展能力极弱。对于贫困落后地区，国家和省、自治区要继续给予一定的资金扶持，帮助修建农田水利设施，发展畜牧业、林草业，开荒移民，发展多种经营，改善交通条件，推动其经济发展。同时，国家还应继续执行和逐步完善现行的各项扶贫政策，改善贫困地区经济发展的内、外部环境，弱化其各种抑制性因素，激发贫困落后地区经济发展的内在活力。贫困落后地区自身要在国家的扶持下，努力改善发展环境和调整产业结构，建立经济发展的良性循环机制。

三、区域经济实体

任何领域里的经济活动，都是生产力和生产关系的统一。这种统一的结合体就是经济实体。区域经济实体就是区域生产力和生产关系统一的实体。它又具有两重性质，即技术性质和经济性质。

从技术性质上说，每一个区域都有自己独立的生产力系统，可以从事独立的生产和营销活动，互相联结形成一个有机整体。从经济性质上说，区域生产力系统必须注入社会经济关系，也就是在区域的范围内实现生产的社会结合，从而形成现实的社会生产。也就是说，生产总是在一定的区域空间范围内活动着，每一区域都有一定的所有制等经济关系作为依托。因此，由于生产关系的不同，区域经济实体的管理的社会属性也不一样。

区域经济实体具有不同的表现形式。认识其形式的差异，是搞好区域经济管理所必需的。一般来说，区域经济实体有以下几种形式：

（一）城市经济实体

城市指的就是在一定区域范围内，有商品流转和交换的活动产生，经过了一段时间的发展后，逐步变得体系化，形成了集生产、交换、分配和消费为一体的中心区域，也因此而成为商业、交通运输业、文化和教育等众多领域的中心发展区域。众所周知，城市经济就是一定区域范围经济的具体化形式，同时它与周围地区的环境也有十分紧密的联系。经过研究发现，不同的经济区域因为不同的资源环境条件形成了不同的结构，它们都有自己的特色和主导产业，也由此在国家的建设过程中发挥了不可磨灭的作用。

（二）企业经济实体

企业作为区域经济实体的具体表现形式有狭义和广义之分。狭义的企业经济实体，是指自主经营、自负盈亏的商品生产经营单位。广义的企业经济实体，包括企业、专业化协作、经济联合体、企业集团等。后三种形式又可以分为几种不同的类型，如生产型、销售型、生产经营型和科研生产型的经济实体。不论哪种形式的企业经济实体，都是区域经济的细胞和生产力的基础，是区域社会财富的创造者，对区域经济的发展具有十分重要的作用。因为，实体的发展速度和经济效益，直接影响和决定着区域经济的发展速度和区域经济效益。为此，在深化经济体制改革的过程中，要加快企业改革，转换企业经营机制，建立其适应社会主义市场经济发展需要的现代企业制度，这样才能为区域经济的更大发展奠定好微观基础。

（三）农村经济实体

农村经济，是指农村中乡镇政府行政管辖范围内的全部经济活动的总称。这种经济作为一种区域经济实体，它不仅包括农村乡镇直接管理的经济，而且还包括乡以下行政村、组直接管理的各种经济。农村经济是一种重要的区域经济组织形式，在国民经济中处于基础地位。发展社会主义市场经济，必须强化农业的基础地位，深化农村经济体制改革，加快农村经济发展的步伐。我国今后深化农村经济体制改革的任务主要是，进一步巩固和发展以家庭联产承包为主的、统分结合的双层经营体制。而其中一部分人在条件允许的情况下，可以在完全自愿的前提下将土地承包经营权流转运作，逐步发展成为具有一定规模的经济实体。经过研究发现，农村的社会化服务体系对于农村社会的发展而言，是有非常巨大的帮助的，可以促进农村经济朝着专业化和现代化的方向发展，使整体的农村经营市场逐步细化和组织化，由此可以提升农民们的经济效益。同时，为了稳固农村基础设施的发展，增加财政收入和支持，对后续农村经济整体协调、稳定地发展是十分有利的。

（四）特区经济实体

经济特区是指在一个国家或地区内划出一定的范围，在对外经济活动中采取更加灵活的特殊政策和特殊的经济体制。我国的经济特区是兼有自由贸易区和出口加工区功能的综合性特区。特区的特征主要体现在以下几个方面：第一，为特区发展所用的资金，大都来自海外，这与特区的所有制结构是有一定关系的，它是由社会主义体制下的国有、私有和集体企业以及具有海外背景的投资企业所组成的；第二，是特区的经济活动类型，它是将市场调节作为主导的，在经济活动开展的过程中十分看重市场在其中所发挥的作用；第三，就是特区在经济的自主权方面较为自由；第四，对前来投资的外资企业提供优惠政策和出入境方便。经济特区作为我国改革开放的试验区，在我国经济建设中具有重要的地位和作用。它不仅为全国的经济建设和体制改革提供经验，提供对引进技术、信息、科学管理加以吸收、消化和改造的经验，而且还能起到对内、对外的经济辐射作用。

（五）开发区经济实体

开发区经济是国家兴办的以技术改造和科技试验为主的改革开放试验区。它有两种形式：经济技术开发区和高新技术产业开发区。目前，我国在 14 个沿海开放城市建立了经济技术开发区，在全国各地建立了一些国家级的高新技术产业开发区。经济技术开发区和高新技术产业开发区的任务有所不同。经济技术开发区的任务，是形成吸收利用外商投资的良好环境，吸引外商投资，增加出口创汇，消化吸收国外先进技术和先进管理经验。要想顺利完成高新技术产业的发展，是离不开国家工业和科技实力的发展的，只有跟上世界发展水平，才不至于被时代所淘汰，在这个过程中我们也是可以借助其他国家的帮助的，不论是技术还是资金，在这之后再将科技成果转化成为生产力，逐步建立起独属于我国的高新技术产业，并逐渐走向世界。

众所周知，区域范围的经济活动是需要载体的承载才能够完成的，而这个载体就是区域经济实体，它能够源源不断创造出社会财富，由此，这也是区域范围内经济发展的评判指标。只有大力发展区域经济实体，才能使区域生产力获得发展，才能为区域创造更多的物质财富。鉴于区域经济实体是区域生产力与生产关系的统一，只有改善区域经济实体的运行和改革其体制，才能使区域生产关系日趋完善，从而促进生产力的进一步发展。

第三节 区域经济宏观管理

所谓的区域经济宏观管理所指的就是从国家角度出发，遵循一定经济惯例和经济政策去调节经济活动。而进行宏观管理的目的就是为减弱或消除区域经济活动中所发生的结构失衡，以此来保证区域内经济活动的正常进行和经济的顺利发展。

一、区域经济宏观管理的必要性和基本特征

（一）区域经济宏观管理的必要性

从辐射范围来看，区域经济是处于宏观和微观二者之间的一种经济层次，而它们都是整个国家经济的重要组成部分。在实际的经济管理过程中，我们主要的关注点就放在了区域经济的运行矛盾中。

1. 解决生产社会化、区域一体化与市场主体多元化的矛盾

随着社会经济的不断发展和市场经济体制的不断完善，区域范围内的各个部门已经初步形成了一种相互依赖的关系，在这样的环境之下，区域生产逐渐朝着一体化的方向发展。但是因为一定空间范围内的经济所有制和利益之间是必然存在一定矛盾的，而这也是社会经济发展过程中的普遍现象。我们为了使得区域经济与社会发展的速度相适应，也为了将这种矛盾所造成的影响弱化到最低，国家管理机构必须从宏观角度下进行调控与管理。

2. 解决区域计划与经济活动盲目性的矛盾

社会生产的要求之一就是要按照一定的要求进行社会分工，同时进行资源的优化配置。但是与以往不同的是，区域的市场主体的自主性是十分强的，生产者们可以自主决策很多事情，范围也越来越宽广，但也在这个过程中突出了自己的盲目性特征，这就显然已经与社会的劳动分工之间产生了一些矛盾。为了避免这种情况的持续发生，国家管理机构不得不对区域范围内的生产者和经济行为进行宏观管理。

3. 解决区域共同利益与市场主体利益狭隘性的矛盾

众所周知，任何区域内都是存在对于个体利益和历史的公平要求，但是因为在所有制形式和市场经济体制的要求下，人们的经济行为开始具有一些个人色彩，或是夹杂了一些集团性质的行为。为了在一定程度上缓解不同利益体之间的矛盾，国家相关管理机关就必须从中采取一些措施。

4. 弥补市场失灵，发挥宏观调控功能

采取区域宏观调控的目的就是保证能够更好在区域范围内进行经济活动，并且这当然是经济的市场调节提供了一些必要条件。由此可见，国家管理结构的宏观调控对于区域的经济发展而言是十分有帮助的，在同时又能够保证不同经济活动的开展基本协调。不仅如此，还能够保护人们追求某些特殊利益的行为，在此过程中还能保证区域范围的经济公平。

众所周知，我国社会的经济运行方式就是以公有制为主体的社会主义市场经济体制，由此，在这样的环境背景下，我们必须从之前的生产者的直接管理转变成为国家宏观调控的间接管理，将制订的计划赋予实施。

（二）区域经济宏观管理的基本特征

区域经济宏观管理的对象就是市场，但是需要注意的是我们在管理市场的时候，万万不可将对于下属部门、企业等的管理排除在外，这是因为我们管理市场的最终目的，就是要运用经济政策来引导企业进行经济活动，使得不同部门和企业间的经济活动能够连接起来，这样为区域的经济提供支持。正是因为这样，我们对于一定区域内的经济发展所采取的是宏观间接调控方式。从一方面来看，当国家管理机构下发政策条款后，经由市场传递到区域内的各个部门和企业中；从另外一方面来看，区域内的各个地方、企业集团等组织的市场经济主体在接收了国家管理组织机构的信号后所作出的反应就在区域经济的发展过程中显示出来。经过研究发现，区域经济宏观管理具有以下几点基本特征：

1. 管理内容

从管理内容的角度来看，区域经济宏观管理的重中之重就是应当放在区域供求关系矛盾的协调上。所谓的区域范围的供给所指的就是一定时间范围段内的社会生产的商品总量和劳动总量，而这段时间通常都是以一年为期。所谓的区域范围的需求，所指的就是在一定地域范围内的消费者购买力，意思就是区域内生产和消费需求的总和。而我们判断区域范围内的经济发展是否健康稳定的标准之一，就是区域供求关系。当区域总供给大于总需求时，一部分产品就会积压，出现产品过剩，造成区域资源浪费；当总需求大于总供给时，则会因市场供应不足而带动物价上涨，引起区域经济生活的振荡。可见，无论是总供给大于总需求，还是总需求大于总供给，都不利于区域经济的健康发展。要使区域经济持续、快速、协调地发展，就必须努力保持总供求的基本平衡。

区域范围内供求关系的平衡主要包含着两个方面，其一是区域总供求的数量平衡，其二就是区域总供求的结构平衡。通过研究我们发现，当区域供求关系的数量无法维持平衡标准的时候，自然结构关系也同时会发生一定问题。由此看来，只有区域供求关系总量达到了平衡，结构方面才有可能稳定。在一般条件下，只有在保证区域范围内供求关系在数量方面稳定平衡的情况下，区域的重点决策投资才能保证不受影响，才有顺利完成的可能性，最终才有可能取得好的效果。而稳定合理的价格体系同样也是在供求总量大体保持平稳的状态下才有可能形成和顺利运行，从而价格才能在市场中充分发挥它的作用，才能促进区域经济高速发展和产业结构合理化运行。而从另外一方面来看，还有区域供求关系结构方面的问题，而这通常都是供求总量平衡的重要内容之一。一旦区域供求结构发生了失衡，不仅区域内的经济正常循环会受到影响，同时这种状态也是难以长期维持下去的，会为区域范围的经济和产业发展带来较大的变数。因此，在宏观管理过程中，不能把总量管理和结构管理割裂开来，必须结合进行。但在不同时期，宏观管理的侧重点和先后次序应当有所不同。一般来说，在区域结构严重不合理，以至于制约整个区域经济的进一步发展时，应当优先调整结构；但当区域总量失衡有可能危及区域经济全局的稳定时，则必须把恢复总量平衡作为首要目标。当然，也有这样的情况，即区域结构是平衡的，但结构的层次是低水平的，与国内其他地区的结构水平差距较大，与国际结构水平差距更大，这时如果不加快区域结构的升级和高级化，区域结构的平衡在国内外市场经济的竞争中就很难维持，甚至整个区域经济也会走向衰落。宏观管理这时应着力促使区域结构的升级和高级化。

2. 管理手段

从管理手段的方面来看，区域宏观管理主要就是集中在经济手段上。众所周知，经济手段是一种由国家管理机构为主导来干预区域范围内的经济行为的一种手段和方法，主要就是调控经济变量的方法来进行干预的，而目的就是保持区域的经济发展符合国家的经济发展大趋势。通过研究发现，经济手段本身是多种多样的，如税收、信贷、工资和价格等，这些经济手段的实施都是会对社会各领域范围内的经济发展造成十分重大的影响，当然这种影响可能是有利的，也可能是不利的，所最终产生的利益效果也可能有大有小，但是还是具有十分明显的区域经济的调节作用的，可以将其纳入整个国家的宏观调控范围内。在我国的市场经济体制的主导下，对于区域宏观管理而言，在其中占据主导地位的还是财政、利率和信贷。国家对于区域范围内的经济变量的调节，就是通过财政的投资和转移支付来实现的，以此来刺激区域范围内的经济增长，或是生产和消费需求等。不仅如此，国家对于区域信贷规模的调控最终就是体现在货币层面上，也就是通过这种方法，最终达到其在区域供求总量上平衡的目标。除此之外，要想对区域范围内某些产业或部门的发展予以鼓励和支持，是可以通过差别利率的操作来实现的，由此区域的产业配置和资源分配也同时会得到优化和完善。众所周知，在众多经济手段之中，财政和税收二者的强制性是非常高的，国家可以通过类似这种强制手段来达到加快区域产业结构调整的目的，如税率和赋税政策的改变等。最后，工资水平的调整对于国家宏观管理也是具有积极作用的，它是与人们最密切相关的一种经济手段了，可以通过控制区域消费基金的增长程度，来协调生产和消费之间的关系。

3. 管理结构

从管理的结构上看，区域宏观管理应该具有层次性。在传统计划经济体制下，国家的宏观管理是一竿子插到底的。其实现代的市场经济体制是十分复杂的，并且在不同的部门和产业都会体现出不同的特点和规律。不仅如此，由于我国地域广大，人口众多，因而不同地域范围的地理性质、经济条件和商品经济发展程度等都是有着很大的差别的。而我国的宏观管理的流程和步骤设计就是以此为依据的，在同时还要考虑到管理的统一性问题，由此在中央和地方实行了两级管理。众所周知，在地方与中央分级管理的大背景下，不论是在中央还是地方区域之间存在矛盾，这都是不可避免的，但是为了在一定程度上减弱这种矛盾对于我国区域经济发展所造成的不良影响，在以下几方面设定了有关国家区域经济宏观管理的几条原则：首先，在区域范围内所开展的经济管理活动是不能够影响到全国市场的发展和统一的；其次，对于经济的宏观总量指标而言，它的管理权是必须集中在中央手中的，同时地方层级的管理要以此为基础；最后，对于区域范围内的管理，一定要重视的就是政企分离。

二、区域经济运行的分级调控

在我国，对区域经济运行实行分级调控和调节是有科学的理论依据的。这个理论依据包括两个方面：一是中国特色的经济运行机制，二是社会主义初级阶段的中国国情。

（一）区域经济运行分级调控和调节的依据

在社会主义市场经济条件下，企业或企业集团作为市场的主体，实行自主经营，自负盈亏，是独立的商品生产者。微观经济活动的决策是自主的，而不再是传统体制下的政府行为。多元微观决策格局的形成，怎样使其不削弱、不背离整个宏观决策目标，其关键是传导机制要发生相应的变化。从一方面来看，政府所下发的决策内容不能仅仅是政府机关对于国家未来经济发展的愿望，除此之外还要从市场活动的微观主体角度出发来考虑，最终才能形成政府的宏观决策，只有这样的决策才是符合社会主义市场的运行规律的，才是能保证能够真正发挥调控作用的。由此我们可以发现，政府决策的传导过程其实是十分曲折而复杂的。从另一方面来看，国家政府决策的输出过程和具体的实施过程也并不是一帆风顺的，不可能"直来直去"，而是要经由具体的市场传导机制发挥作用才可以，之后才能传递给具有自主决策权利的微观经济主体，也就是社会中的企业和集团等组织机构。综上所述我们发现，国家区域经济的具体运行调控过程是不可能由中央政府一级调控，这是因为政府决策的曲折性在其中发挥一些作用，只有中央和地方分级调控的方式才是适用于我国的经济发展现状的一种调控方式，才是真实有效的。

社会主义市场经济体制下经济发展的动力机制，也决定了我国区域经济运行的调控必须是分级调控模式。长期以来，经济活动主体的自主权被泯灭是传统体制的重要特征，从而经济发展的动力机制被大大削弱。在走向社会主义市场经济体制的过程中，经济发展的动力机制已普遍化。不仅微观层次，而且中观层次形成了责、权、利兼有的经济运行的组织者，它们极力追求着改善现状而谋求发展的动力。动力机制的普遍化又是以二元动力机制为特征的，它们既相统一，又有矛盾。从总体上讲，存在着社会与国家的动力机制和企业与个人的动力机制；从政府层次来讲，存在着中央政府的动力机制和地方政府的动力机制；从市场层次来讲，存在着买方的动力机制和卖方的动力机制；等等。要知道，经济行为是由动力机制支配着的；而由二元动力机制形成的不同的经济行为汇集的国民经济行为，也就更为错综复杂。这就有可能使整个国民经济运行偏离预定的目标。这样，在动力机制普遍化和二元性的情况下，对区域经济运行的调节与调控已不能仅仅靠中央政府的一级调控，而是要实行中央政府和地区的分级调控。

社会主义市场经济体制下宏观经济调节机制的实现，同样决定了我国区域经济运行的调控必须是分级调控模式。我国社会主义市场经济条件下经济运行是将市场调节和计划调节有机地结合起来，即在市场调节的基础上科学地进行计划调节，在计划调节中发挥市场调节的积极作用。当然，这里的计划调节与传统体制下的计划调节根本不同。它既是面向市场的，又是克服市场调节可能出现的消极作用的，也就是说，计划的性质是市场的。因此，在这种情况下，计划与市场两者长处的有机结合，是宏观经济层次、中观经济层次和微观经济层次的广泛结合。这种广泛性必然表现出经济发展在空间上的差异性的特征，即市场调节在不同地区的作用程度是有差异的。在经济不发达地区，市场调节的适应性就弱些，市场调节的范围相对要小；在经济发达地区，市场调节的适应性强些，市场调节的作用范围也大些。这样，社会主义市场经济调节机制的实现，客观上要求区域经济运行调控必须是中央政府与地方政府的分级调控。

中国的国情是：从自然人文综合体的角度看，中国是一个幅员辽阔的大国；从社会经济综合体的角度看，中国尚处于社会主义初级阶段。幅员辽阔的中国和社会主义初级阶段这个基本的国情特征，就是我国区域经济运行实行分级调控和调节的国情依据。

我们说，调控经济的基本要求，是要为搞活经济提供有效保证。而我们的国情表明，这种保证必须是分层次提供。政府的经济目标是谋求宏观效益的最大化，而企业和企业集团的经济目标是追求微观利益的最大化。在经济运行中时时处处所存在的这种宏观与微观的矛盾是不可能在中央政府的一级调控中加以解决的，而必须要有中间层次的调控，使宏观、微观的利益追求相互靠近、相互耦合。从社会主义初级阶段的国情特征看，由于生产力水平还不高，宏观控制与微观搞活之间的信息交往并不畅通，由此难免出现两者之间利益的扭曲和冲突，从而不利于在利益激励机制上实现宏观效益和微观效益的统一。分层次调控可以在各区域生产力水平的基础上，吸纳宏观控制与微观搞活的具体要求，并能动地加以消化后，在中间层次发出使两者相结合的调控信号，使其调节和调控更加符合各地区的客观情况，从而既能保证宏观效益的实现，又能保证区域经济和微观经济对利益的追求。

我国经济体制改革的目标是建立社会主义市场经济体制。完善的市场体系是实现调控经济的基础，而我国的国情基础表明，分层次的调控可以为构筑这个基础创造必要而又充分的条件。从幅员辽阔的大国特征看，我国市场具有很大的内向化潜力，而且会随着经济的发展不断使国内市场扩张。分层次地调节与调控，针对不同地区区情培育和建立市场体系，具有中央政府一级调控所不可替代的作用，从而为区域经济体制的转换创造必要条件。从社会阶段国情看，由于社会主义初级阶段商品经济还欠发达，经济体制的改革只能采取渐进的方式，逐步推进。改革的渐进性，决定了社会主义市场经济运行机制的完善要有一个过程。改革从量变到质变的过程中，光靠中央政府的一级调控显然是不够的。从不同区域的实际情况出发，实行分层次调控，使市场调节和计划调节在本级调控所涉及的区域内有效地结合，为市场体系的建立和完善创造充分条件。因此，分层次调控对于构筑市场基础，乃至对宏观经济运行的总体调控，都是不可缺少的。

（二）区域经济调控的层次划分

分层次调控是为了谋求社会总供给和总需求相对平衡的实现，对经济运行实行分层次地引导、控制和调节，是调控主体引导不同层次经济的合理运动，它具有明显的能动性和动态特征。

分级调节和调控的层次划分可能与政府的层次设置相一致，也可能与政府的层次设置不相对应。例如，像我国的县作为一级行政区域，虽然是较稳定的，但由于范围小，产业结构较单一，对区域外的循环有较大的灵敏度，稳定性较小，不能作为一级调控层次。而且，我国有 2000 多个县，若将县也作为一级调控层次，那将会出现调控主体极其分散，不利于经济稳定运行。

当然，分级调控的层次划分虽然不是与政府的设置层次相对应，但是也不能与政府的设置层次脱钩。这是由于：第一，经济运行的调节与调控必须具有可操作性，政府及其职能部门是这种可操作性的硬件基础，分层次调控若完全脱钩于政府的设置层次，也就失去了操作依托；第二，经济调控只有覆盖全社会，才能获得调控的满意值，我国作为地区经济发展不平衡的大国，分层次调控如果与政府的设置层次完全脱钩，就不可能产生良好的社会效应和满意的调控效果；第三，经济调控的实现要靠政府政策的引导，脱钩于政府的设置层次，分层次调控就失去了调控主体，因而也就失去了存在的意义。

三、区域经济宏观管理的任务

显然，区域范围内的经济宏观管理与微观的经济活动是具有本质不同的。从微观层次的角度来看，商品生产者所最终追寻的就是生产效率的提升和企业效益的提升；而从宏观管理的角度来看，其实国家政府机关所看重的则是整个区域范围内经济活动的正常稳定运行，所代表是整个社会阶层的利益，而不再是一个部门、企业或集团组织的利益，在这个基础上才能发展区域经济，进而对经济发展的速度、质量等方面提出要求。具体而言，区域经济宏观管理大致有如下任务：

（一）生产结构与需求结构相适应，防止区域经济结构比例失调

经过深入调查研究发现，要想区域生产结构能够达到平衡状态，从本质上来看就是要使产业和产品结构能够和社会居民的需求相适应。众所周知，区域需求结构不是恒定不变的，是在不断发生变化的，而具体的变化趋势是随着当时的生产力发展状况而变化的，还与耐用消费品和高新技术产品所占的比重有很大关系。而当一定区域范围内的生产力水平大致稳定了，这时区域的需求结构稳定了，区域的生产结构也不会再发生大幅度波动，这是因为在一定程度上需求结构是决定生产结构的。因为按照现代经济学原理，经济增长是需求和供给共同作用的结果，而其中需求拉动的作用尤为重要。社会总需求启动不起来，经济则难以保持快速增长。由消费需求和投资需求构成的国内需求与商品出口形成的国外需求，都是推动经济增长和生产结构变动的重要因素。但最终说，消费需求是社会再生产的终点和新的起点。在拉动经济增长和生产结构变动的"三驾马车"——投资需求、消费需求和国外需求中，消费需求一直是"头驾马车"。只有增加消费需求，才能从根本上促进生产规模的扩大和生产结构的升级和高级化。但是，当出现区域生产结构失调的情况时，我们往往会引导消费者们进行自身需求结构的调整，这在一定程度上也是为了减少社会劳动的浪费，促使他们找到具有相同或类似价值的商品进行代替。虽说如此，但这个行为是万万不能强制进行的，如果强迫人的需求去适应生产结构，那么只会使得它们之间的矛盾愈演愈烈。由此，我们发现主要的矛盾面还是集中在生产层面的，只能不断根据实际情况去调整，使其适应区域的需求结构改变。

（二）区域生产能力与消费能力相一致，防止过度消费或生产相对过剩

在实际的再生产过程中，是有可能会出现生产和消费能力脱节的情况的。假如在区域范围内出现了生产能力大于消费能力的情况，那么就很容易会出现生产过剩的状况。生产过剩，指的就是因为产品过多而购买力不强所发生的一种经济现象，正是因为这样会导致部分商品的价值无法得到实现，部分资金无法回流，

长此以往，资金链就会出现缺口，导致后面的生产行为无法正常进行，出现生产停滞。在社会主义市场经济的大环境下，生产过剩的状况也可能因为部分地域对于新产品的价值没有进行合理分配而出现，居民们的消费需求结构没有进行及时转变，就会出现过度消费的现象，这从某些方面来讲也是一种相对的生产过剩。我们以往对过度消费而引起的通货膨胀的调控力度很强，而对相对生产过剩、通货紧缩注意、研究得不够。近几年来，由于国际市场竞争激烈，我国外贸出口阻力较大，同时我国居民消费正向小康转型，住房、汽车等成为新一代大众消费品，但由于体制和政策的诸多因素，加上各地区生产结构的更新换代滞后，以致发生了我国过去很少见的通货紧缩的态势，物价增长幅度很低甚至出现负增长。因此，调节区域生产能力和消费能力的相互关系，是区域经济宏观管理的一项重要任务。

（三）兼顾区域经济稳定增长和均衡发展，防止经济发展中的大幅度波动

显然，我们进行区域经济宏观管理的目的之一就是为了实现经济的高速增长，但从实际情况的角度来看，我们对于经济增长速度应该理性看待，处于一种相对均衡的速度是最为理想的状态。在一定的空间范围内，经济发展出现波动是必然的，空间内外是有许多影响因素可能对其造成一定的影响的，如果说要保持完全匀速的过程，这显然是不可能的。通常来说，当发现机遇，同时条件允许的情况下，区域空间就应该牢牢抓住机会，力争每隔几年就可以将该区域的经济发展水平提上一个台阶。与此同时，还有一点我们应该尤其注意，那就是对于经济发展的态度问题，切忌忽冷忽热、半途而废，这样就很容易会出现一些"半吊子工程"，对于区域范围的企业发展也是十分不利的。

（四）协调区域各方面的经济利益关系，防止社会两极分化和分配不公

在进行区域经济宏观调控的过程中，如果仅仅关注经济的发展速度和供求关系的变化，这是十分片面的，与此同时也要注重社会经济利益关系的存在。如果我们将经济发展速度和市场总供求的变化看作是区域再生产和经济发展的基础，那么后者所提到的经济利益关系就是为维护国家和地方政治稳定的保证。在社会主义国家，要想保证社会经济利益的正常发展和关系的基本稳定，所依靠的就是社会主义经济制度。但仅仅只靠经济制度是无法保证社会经济的平稳运行的，在

市场经济和区域产权多元化的大背景下，就是要在此基础上加上国家政府的宏观调控机制的辅助，这样才能弥补在初次分配过程中的某些不足之处。

在进行区域宏观管理的过程中，我们为了保证上述任务能够顺利完成，还是要尤其注意其中的几个重要关系：

1. 区域各主要产业之间以及各产业内部的比例关系

在区域一、二、三次产业以及信息产业之间，在区域农业、种植业内部和其他大农业之间，在区域的基础工业和加工工业之间，投资品生产和消费品生产之间，等等，都必须保持合理的比例。没有这些合理的比例，不仅不能实现区域的总体效益，而且区域再生产本身也很难连续地进行下去。鉴于我国各区域产业结构扭曲较大，在今后经济发展中，应选择科技、教育和以计算机软件为主的电子信息产业作为重点来发展，并协调好这些产业之间的关系。

2. 生产、积累和消费的比例关系

就区域经济来说，必须在现有规模的生产、当前消费和扩大再生产之间保持适当的比例。就区域新创造的价值来说，多少用于劳动基金（即区域劳动者为维持和再生产自己的劳动力所必需的生活资料基金），多少用于生产发展基金，也必须保持合理的比例。如果劳动基金的比例过大，区域的生产发展就没有后劲，最终还会导致劳动基金的相对降低；如果生产发展基金的比例过大，不仅会影响劳动者的积极性，而且区域的社会产品也难以全部实现，最终生产也会萎缩。我国在工业化初期，各区域需要有一个积累建设资金的阶段，因此国家不得不统一制定农产品价格，即实际上是压低了农产品的价格，并对城市职工实行最低工资制，这种资金积累主要转化为固定资产，但这种情况不可能长久地保持下去，因为积累起来的固定资产最终总要转化为消费品的生产。特别是在市场经济条件下，如果长期实行低收入、低工资制，区域产品又无力较多地打入其他区域市场和国际市场，产品价值就不能实现，生产和消费的矛盾同样也会发生。因此，为了使区域再生产能顺利进行，必须恰当调整生产发展基金和劳动基金的比例关系，适时提高公务员和职工的工资，提高离退休金和社会保障基金，使消费能真正反作用于生产。

3. 速度、比例和效益的关系

一般来说，快速发展经济是各个区域工作的基本出发点和根本宗旨，提高经

济效益是区域经济工作的核心内容，比例协调是快速发展和提高经济效益的一般基础。但快速发展经济不能脱离区域本身的条件，不能破坏基本比例关系，不能追求水分多而效益差的虚假速度，不能搞"政绩"工程。比例协调是至关重要的。但比例协调本身不是目的，发展区域生产力才是硬道理。在区域经济宏观管理中，速度、比例和效益的关系必须处理好。

4. 公平和效率的关系

一般来说，公平和效率是统一的，可以兼顾的。但在区域经济的实践中又是有矛盾的。公平是一个历史范畴。在社会主义初级阶段和市场经济条件下，社会公平有三个层次的含义：第一个层次是由公有制和按劳分配体现的联合劳动的公平；第二个层次是由等价交换和平等竞争体现的市场经济的公平；第三个层次是由社会福利和社会救济体现的人道主义的公平。从区域经济来说，由于是以公有制为主体的，因此联合劳动的公平是基本的；从整个区域来说，由于存在多种经济成分，市场经济的公平是基本的。就后者而言，竞争中的机遇、少数人的失业、收入上的差距等等，都不能认为是不公平的。我们在区域经济中实现的公平是三个层次的公平统一，这种公平有利于促进生产效率的提高。从理想状态讲，现在的公平中仍包含着事实上的不平等。如果在区域经济中现在就消除这些不平等，就只能吃"大锅饭"，这样就会阻碍整个区域生产率的提高，为此，公平和效率的关系的正确处理，是宏观管理的一项重要任务。

四、区域经济宏观管理的主要手段

具体在进行区域经济宏观管理的过程中所采用的是什么手段，这不是人们可以随意决定的，而是有客观经济因素的影响，要在考虑到其的基础上才能决定最终所要使用的具体管理手段。换句话来说，进行区域经济宏观管理的手段是由经济形式和产权管理制度这二者所决定的。区域经济为了能够不与市场经济的发展发生冲突，有以下几点内容要时刻遵守：首先，区域经济的发展前提就是要保证全民所有制的主体地位，同时还要将公有制经济放在发展的主导位置上；其次，从所有制的角度来说，国家对于企业的管理方式和手段不再是直接管理，而是会经由税收和财政等手段进行间接引导，以此为基础来制定经济政策，这也是调控市场的一种方式，通过这种手段来对社会企业的发展造成间接影响。由此可知，对于区域经济的宏观管理而言，国家政府最常用的还是经济手段，这也是由我国的社会市场经济体制决定的。除此之外，还有法律手段和行政手段等，也会偶尔辅助经济手段的运行。

（一）政策手段

所谓的经济调控管理的经济手段的实施主体就是国家管理机构，它们通过调整经济变量的方式来影响区域范围内经济活动的正常进行，这其中是包含有许多国家所下发的政策措施的，如产业、货币等众多领域。

1. 产业政策

要想调整区域范围内的产业和企业结构，国家宏观产业政策就是十分好的一项举措。我们可以将宏观层面的产业政策分为两部分内容：其一为产业结构政策，这部分举措所针对的就是处理相同区域不同产业间的关系；其二就是产业组织政策，所针对的则是同一产业部门内部不同企业之间的关系。由此可知，我们实施产业政策的目的就是为了将区域产业结构完善化和合理化，使区域内部的不同产业部门都能够合理利用资源，发展自己。

宏观产业结构政策的主要内容是，在分析认识各个区域的区情、经济发展水平和所处的发展阶段的基础上，规划每一个区域产业结构逐步演进提高的目标和对策，确定各阶段重点发展的战略产业（支柱产业），实现区域资源的重点分配和合理配置，从而引导区域经济不断向新的广度和深度发展。产业结构政策对区域经济发展所要解决的主要问题是：一方面，纠正区域现有产业结构的不合理状态；另一方面，推动区域产业结构的升级或高级化。区域产业结构的升级，一方面表现为一、二、三产业相对比例的变化，另一方面表现为各大产业内部结构由低级阶段向高级阶段发展。在新的宏观产业结构政策中，既应注意推动区域向新兴高技术产业的发展，又须注意使尚有一定生命力的区域传统产业实行技术改造使之能继续发展。宏观产业组织政策的主要内容是：一方面，每一个区域规划各产业内部企业（主要是大企业）的合理规模，使其充分发挥规模经济效益；另一方面，保持区域产业内部企业的一定数量，使企业间能够开展平等竞争，而不致发生垄断。能否同时兼顾这两个方面，是国家宏观产业组织政策是否有效的主要标志。

2. 财政政策

国家宏观财政政策在区域经济管理中占据重要地位。宏观财政政策主要包括以下内容：税收政策、财政支出政策（包括政府的购买、对公共工程的投资、转移支付）、预算政策（赤字和盈余）。宏观财政政策对区域经济的管理，其作用主要表现在以下几个方面：第一，结构调整。当需要鼓励某些产业发展时，政府通常采用税收优惠和补贴等；当需要抑制某些产业发展时，则实行提高税收政策。这从而使不同区域经济发展有了差异性。第二，财政收入的转移支付。为了避免区域之间差距扩大，协调不同区域的经济发展，政府通过财政收入的转移支付，来缓和区域之间的矛盾。在我国，财政转移支付主要倾斜于西部地区，特别是实施西部大开发战略以后，更要加大财政转移支付的力度，支持西部地区的发展，缩小东西部业已存在的经济发展差距。

为了实施宏观财政政策，必须建立中央政府和地方政府的分级财政制度，划定事权范围，分别设立预算，独立收支，自求平衡，必要时中央财政给予补助，还要科学地确定区域财政收支的项目和数量。应由政府承担的社会福利和社会保障项目，财政应给予保证；不应由政府承担的不合理的价格补贴和企业亏损补贴，应通过价格改革和企业改革加以取消；国家对区域的项目投资，应主要投向非竞争性、非营利性的公共工程项目。

3. 货币政策

马克思认为，在商品经济下，货币是生产力发展的第一推动力和持续动力。"随着商品生产的进一步发展，每一个商品生产者都必须握有这个物的神经，这个'社会的抵押品'。"[①] 现代市场经济的实践证明，不仅每个商品生产者需要掌握货币"这个物的神经"，以保证生产过程的连续进行，而且国家或各级政府也必须掌握这个神经，通过货币政策，调控社会经济的运行过程。货币政策是国家通过中央银行组织和调节全国的货币供应，使信贷在数量和利率方面体现国家宏观经济发展目标。货币政策的实际操作是中央银行。从实践来看，实施货币政策的基本方式是存款准备金率、再贴现率和公开市场业务。

存款准备金率有抑制或扩大信贷规模的作用。当国家存款准备金率提高，各

---

① 马克思，恩格斯. 马克思恩格斯全集 第23卷 [M]. 中共中央马克思恩格斯列宁斯大林著作编译局，译. 北京：人民出版社，1972：151.

区域的商业银行吸收的存款中交存中央银行的部分就要扩大，用于增加贷款的部分相应缩小；反之，交存中央银行的部分减少，用于增加贷款的部分增大。因此，存款准备金的提高和降低，会影响到区域投资规模的收缩或扩张。

再贴现率是商业银行以贴现方式向中央银行借款时必须支付的利率。当再贴现率提高，各区域商业银行就会因向中央银行借款成本提高而收缩对本区域企业的贷款规模。反之，则会因借款成本降低而扩大对本区域企业的贷款规模。因此，再贴现率的提高或降低，同样会影响到区域投资规模的收缩或扩张。

公平市场业务，是中央银行买进或卖出债券或国库券、有价证券的市场活动。中央银行买进有价证券，意味着向流通中投放货币，银根放松，利率下降，对区域来说，其信贷规模由此会扩大；中央银行抛售证券，流通中的货币就流回到中央银行，银根抽紧，利率上升，区域的信贷规模就会由此而收缩。因此，公开市场业务也会影响区域经济的发展。

在区域经济宏观管理的政策中，除了产业政策、财政政策和货币政策这些政策外，还有其他一些经济政策，如收入政策、价格政策等。收入政策是调节区域个人收入分配的一项重要经济政策。它一方面调节劳动者个人收入增长同区域经济增长的关系，另一方面调节区域内各阶层居民个人收入的相互关系，其目的在于调整区域生产和消费的关系以及实现社会公平。价格政策是国家对价格形成和价格水平进行干预的指导方针和原则。它主要是调整不合理的比价和形成比较合理的价格体系，这对区域经济发展也会带来直接影响。

（二）行政手段

行政手段是国家经济管理机构运用行政权力对区域市场、行业和企业的有关经济活动所进行的超经济的行政控制。在市场经济条件下，对区域经济活动要尽量减少行政手段的运用。在我国历史上，由于行政手段的普遍运用，曾经给我国经济生活带来严重不良的后果。但是，我们也不能用一种片面性代替另一种片面性，即完全否定行政手段的积极意义，把行政手段排斥在区域经济宏观管理的过程之外。行政手段本身具有某些独特的优势。与经济手段相比，它不必经过一个机制转换的较长过程。在管理区域经济的活动中，其作用的发挥带有明显的"强制性""短促性""速效性"。在区域宏观管理的过程中，问题并不在于行政手段该不该用，而在于对它如何运用，在什么时候、什么条件下用。在市场经济条件下，对区域经济的管理，滥用行政手段不行，完全不用也不行。当然，必须把行政手段的运用建立在科学决策的基础之上，以避免行政手段的强制性和直接性可能造成的对区域经济发展的消极影响。

（三）法律手段

所谓的法律手段指的就是将法律作为工具去调整区域范围内的经济发展和运行，其中对区域经济起直接作用的还是经济层面的法律法规，尤其是经济法和经济法规在产业结构和经济发展的过程中所发挥的作用最为突出。

法律手段在管理区域经济活动中的主要职能是给区域内各经济主体规定一个活动的基本框架和必须遵守的行为准则，任何一个经济主体都必须在法律规定的范围内进行活动并遵守法定规则。法律手段作为国家意志的体现，具有很强的强制力，它无差别地为区域正常的生产经营活动提供保护和创造稳定有序的外部环境，惩罚违反法律规范的经营行为，保证区域经济运行的正常秩序。为了保证法律手段在区域经济宏观管理中充分有效地发挥作用，必须使立法要科学、严谨、完备，执法要严格、认真；要坚决纠正经济活动中有法不依、执法不严、违法不究、滥用职权，以及为谋求区域和部门利益而违反法律等现象；要加强执法队伍建设，提高执法人员的素质和执法水平。

五、区域经济宏观管理的组织体系

众所周知，国民经济所囊括的范围是十分广泛的，国家政府所实行的区域经济宏观管理政策所针对的对象其实是整个社会。但是为了保证国家政策实施的最终效果，我们通常会将一定区域范围内的所有指令和规划等集中起来，但实际上国家所颁布的指令和一些政策还是需要下级行政机关等组织体系去完成的。在宏观管理的实施过程中，因为针对不同产业所使用的手段都是有所区别的，因而最终所贯彻的组织形式自然也是有所不同的。经过深入研究，我们可以将区域经济的宏观管理政策分为以下几大类：第一，就是垂直体系的分层次管理。例如，国有资产和收益政策与中央银行的货币政策等都是通过这种方式来进行宏观管理和调控的。由此看来，其实不同区域的组织管理所遵循的应当是经济原则，而不一定要与行政层次完全相符。第二，通过行政层次进行分级管理。举例来说，国家所颁布的收入、价格等方面的政策都是按照各级政府的分级形式进行的职能划分和组织实施。第三，将各级政府的职能范围进行再划分，然后分别进行管理。就好像是地方政府是有权对于自身的财政支出等经济活动进行直接管理的，当然这是在中央和地方各级政府实行分税制和分立预算的前提下才能完成的。最后，对区域范围内的产业部门进行分类管理，同时这也应当是在国家的统一决策领导下由各级政府来完成的，但对于产权管理是无权参与的。

要想将区域经济宏观管理政策和体系完善妥当，就必须对产权、运行机制等众多方面进行改革。首先，对于政府职能的转变问题而言，我们要将政府和企业的职责区分开来；其次，对于产权管理而言，最重要的就是将产权管理从原本的行政管理中割裂出来，并依据不同的实际情况再进行划分，现代的企业制度就是以此为基础建立起来的；最后，最重要的就是要清楚企业存在的意义，将其看作是真正的经济组织，将企业的民政部分和福利部分分割开来，政府要办的事情当然还是要由政府来完成，不可越级办事，只有这样区域的经济宏观管理才有了稳定下来的基础。

第四章　中国区域经济发展趋势

本章为中国区域经济发展趋势，主要包括三节内容，分别是第一节中国区域经济发展现状、第二节中国区域经济协调发展的基本构想、第三节中国区域经济发展趋势。

第一节　中国区域经济发展现状

从近些年来区域经济的发展现状来看，显然经济的发展重点已经放在了区域间的协调发展上，这也是我国区域发展过程中需要重点关注的问题。区域协同发展所倡导的是区域内的市场主体能够突破时间和空间的限制进行统一整合，在这个过程中经济要素和众多资源配置要素是能够自由流动和发展的，最终区域才能在各个方面构成一个有机统一整体。与普通的区域协调发展相比，我们现在更看重的是协同发展，协同发展所强调的则是最终目标的一致性、行动的一致性和区域间行为的一致性。最终实现对区域范围内的事务联合治理。

综上所述，区域协同发展的等级是要高于区域协调发展的，从这个角度来思考的话，要想实现更为高级的目标就是要在市场的优化配置和空间协调等方面的能力上都达到更高的水平，使区域范围内的经济行为能够更加有序发展，区域治理与制度安排也能够协调合理。

一、我国经济发展整体状况

（一）"四大板块"为主的发展模式

自改革开放实施以来，我国的经济逐渐形成了以"四大板块"为主的发展模式，这在一定程度上对我国经济的发展有相当的促进作用，尤其是在区域经济发展方向上尤其明显。虽说这种经济模式是以地域板块为基础进行划分的，但在长期的实践过程中发现它也同时带来了一些问题，具体我们可以从以下几点内容中窥探一二：

第一，这种经济发展模式的划分方式其实还是较为粗放的，观察这其中的每一个板块我们可以发现，它们在产业布局等方面是具有同构性的，这也造成了不同竞争企业间出现了不同程度的同质化现象，企业之间的重合部分越来越多，导致社会上出现了产能过剩问题，库存过多，大量商品无法售出造成大量的资金浪费，一些经济行为在这种情况的限制下是无法顺利完成的。

第二，在"四大板块"经济模式的实施期间，我国的经济发展重点主要是在东部沿海地区，同时又因为当时我国正处于经济发展的重要转型阶段，在这些因素的影响下中国的经济发展速度略有减慢。

第三，由于这种经济模式的区域划分模式过于碎片化，导致管理难度加大，政策在细分上也有很大难度，可操作性不强，这些都在一定程度上阻碍了区域经济的正常发展，区域间的发展差距拉大，由此新一轮的政策制定必须针对这些问题进行解决。

综上所述，针对我国现在常态下的复杂区域经济问题，国家政府颁布了"丝绸之路"建设策略。不仅如此，在2015年度的政府工作汇报中，最终将"一带一路"、京津冀协同发展和长江经济带命名为经济发展的"三大支撑带"，同时强调要将上述的"四大板块"发展模式与之组合起来。除此之外，在2016年颁布的《中华人民共和国国民经济和社会发展第十三个五年规划纲要》还明确提出了有关"板块与轴"相结合的区域发展策略。

（二）"三个支撑带"的具体表现

随后提出的"三个支撑带"经济发展模式，就很好地达到了我国经济发展的要求，是可以解决经济增长速度提升后的发展瓶颈问题的。"三个支撑带"分别代表了不同的经济发展模式，其中"一带一路"模式所重视的是我国与邻国之间的境外合作，通过这种形式在外国周边拓展出更大的经济发展空间。而"京津冀协同发展"是将重点放在了以北京为中心的交流圈中，主要的目的就是将环渤海经济圈的产业结构进行优化和完善，同时将北京的非首都作用去除，以此来带动河北和天津的发展。"长江经济带"则是将发展重点落脚在了长三角地区，期望以此来带动沿线城市和地区的经济发展，这就是所谓的"辐射带动作用"，以此来提升区域经济发展的质量和效果。通过研究发现，中国特色区域经济发展理论的新发展就是"三个支撑带"理论的提出，这同时为我国的区域发展提供了新的落脚点和保障。

与以往单一的经济发展模式相比，"三个支撑带"在区域间的联系上更加紧密，开始对不同区域间的合作发展更加看重，主张进行差异化和协同性的发展。例如，在《京津冀协同发展规划纲要》曾经明确提出京津冀三地的错位协同发展的重要性，以重点突破为主导，主张区域间的协同发展，这样才能使周围地区的经济也能够受到促进。除此之外，还有长江经济带也是以此为主要理论来进行发展的，对经济带那些有落差的地区的产业进行优先规划和布局。

与以往的"四大板块"相比，这类新的经济发展模式的经济增长点有所增多，不仅如此，"三个支撑带"所依托的是中原、长江中下游和成渝等多个城市群，将东北地区和中西部地区作为重要的经济支撑点，从而将我国分散的区域连接起来，注重的是全国区域的整体性和统一性。

我们并没有将以往的"四大板块"发展模式完全舍弃，而是将其与新的经济发展模式相结合，自此之后形成了区域间纵向开发的发展模式，以此来提升我国的经济发展水平。不仅如此，国家还在多数行政区划和经济带之间建立了全新的协调机制，这样做就能够将区域间的空间限制打破，然后才能进行更好地沟通，区域间的各个市场要素和经济要素等也能够自然流动和组合，从而提升全国范围内经济发展水平。

二、"三个支撑带"发展现状

（一）京津冀协同发展现状

显然，京津冀地区中包含了我国的首都——北京，这一政策是充分利用了其优越的地理位置，将其所担负的经济和社会职能进行分散，对于我国的区域经济发展是十分有帮助的。在近些年，京津冀地区在生态、文化、交通和社会等方面都取得了不小的成就，但同时也存在区域一体化程度低和环境污染等严重问题，这都是十分尖锐的，是亟待解决的。因为京津冀三地的发展差异较大，因而"京津冀协同发展"在要素配置等方面的政策都尤为重要，这也是为了适应我国经济发展新常态所运用的经济手段。为了应对我国资源分配和区域经济发展差距大等问题，选择了这种全新的经济发展模式，将我国的经济发展动力重新培养起来了，这也是优化区域发展的新需要，能够满足区域经济协同发展机制的现实需要。

在 2015 年 6 月，颁布了《京津冀协同发展规划纲要》，在其中明确地论述了京津冀地区在全国经济发展中所处的地位，以及三个地区的功能定位，在一定程度上完成了功能互补和错位发展等功能，同时将"分工协作、共同发展"体现得淋漓尽致。首先，与以往单纯的首都经济圈相比，新的经济圈更加注重平等和协调发展，可以让周围的经济地区平等加入；其次，与以往三个地区单纯的地块相比，联合起来的经济发展圈将北京的中心特点和作用充分体现出来了，除此之外还有天津和河北地区的利益诉求和内涵也被突出出来了，其本身的内涵经过发展后也更加合理而科学。最为重要的是，京津冀地区的经济发展体现了区域发展的整体性问题，可以为日后其他地域的发展提供范本。其中，京津冀地区的协同发展成就体现在方方面面，尤以以下几个内容最为关键：

1. 交通领域的协同发展

京津冀协同发展的基础和条件就是交通一体化的建设，对此，2015 年 12 月发布的《京津冀协同发展交通一体化规划》中明确指出要构建"安全、便捷、高效、绿色、经济"的一体化综合交通运输体系。目前，已经在采取的主要举措包含三个方面：一是联合组建投资运营公司，专门负责重大交通项目建设和融资。例如，在 2014 年 12 月，京津冀三地区政府和铁路总公司共同成立了京津冀城际铁路投资有限公司，这有利于形成统一的路线网和市场，相关的税收则由沿线的省市分享。2014 年 8 月，天津港集团与河北港口集团共同组建了津冀渤海港口投资有限公司，集聚天津与河北的港口资源，共同参与区域内新建码头等项目，不断地扩大京津冀无水港的数量，从而带动京津冀三地临港产业、现代物流业、服务业等产业的发展。二是共同推进京津冀之间"断头路"的建设，拓宽改造三地的"瓶颈路段"。例如，京台高速天津段、京昆高速北京段和河北段已建成通车，京港澳高速河北段完成了 8 车道拓宽改造，京新高速、京秦高速、京开高速拓宽工程以及首都地区环线高速开始动工建设。京津冀国家高速公路的所有"断头路"

有望在 2017 年全部打通。三是加速构建京津冀一体化交通网络，不断提升交通管理与运输组织智能化水平。例如，民航局出台《关于推进京津冀民航协同发展的意见》，提出要构建功能完善的区域机场体系。目前，北京新机场已经动工建设，河北机场集团公司纳入首都机场集团公司管理，区域内各大航空公司的相关资源将由首都机场统一安排协调，实现了京津冀三地主要机场统一管理、一体化运营。

2. 生态环保领域的协同发展

（1）共同签署一系列合作协议，完善生态环保领域顶层设计。从 2015 年 12 月《京津冀协同发展生态环境保护规划》的发布到京津冀三地环保厅签署的《京津冀区域环境保护率先突破合作框架协议》，这些政策规划旨在对跨区域的环境污染问题建立预警和应急联动的工作机制，协同进行污染治理，共同实施生态环境的建设。

（2）积极推进生态环境联防联治，完善生态环境保护的协作机制。期间初步完成了张承（张家口、承德）生态功能区建设实施方案，持续实施京津风沙治理和防护林体系建设工程。

（3）联手开展治理雾霾行动，共同改善区域生态环境。相关资料显示，京津冀三地区在 2015 年上半年减少燃煤 1021 万吨，水泥产能 150 万吨，推广应用新能源汽车 2.21 万辆，京津两地已经全部淘汰黄标车。

3. 产业领域的协同发展

产业协同发展也是京津冀协同发展的重要一环，因此，为了使要素资源能够自由流动与优化配置，进一步疏解北京的非首都功能与产业的转移与分工协作，现有的举措主要包括以下几个方面：

（1）签署区域合作协议备忘录，加强产业领域的对接与合作。2014 年，北京分别于天津、河北举行工作交流座谈会，双方签署了一系列区域合作协议及备忘录，其中与天津产业对接协作相关的有 3 份，与河北产业对接协作的有 4 份。

（2）共同打造产业合作对接平台。2014 年，北京搭建了 30 个与产业转移有关的合作平台，推进产业转移的项目有 53 个。2015 年 11 月，在工信部与京津冀三地政府联合举办的京津冀产业转移对接活动中，签约 51 个项目，其中涉及工业园区、高端装备制造业、生物制药、传统产业转型升级等领域。

（3）寻求重大项目的合作与突破，带动相关产业的对接合作。除了以上三个领域的协同发展之外，京津冀三地还在科技创新、金融服务及教育医疗领域进行合作与规划。一是建立京津冀协同创新共同体，如设立京津冀科技成果转化创业投资基金、优化布局京津冀地区重大创新平台、推动形成跨京津冀科技创新产业链等。二是加大金融改革创新力度，如鼓励三地互设金融机构；建立区域金融风险协同处置机制以及相应的信息沟通、信访协作、直接对接等合作机制。三是深化教育医疗卫生合作，如成立相关教育发展联盟、协同创新联盟；编制完成《京津冀协同发展医疗卫生专项规划》，签署《京津冀卫生计生事业协同发展合作协议》；推进异地就医结算系统建设；运用机构托管、对口支援等方式建立北京市与河北省医院的合作关系。

（二）长江经济带协同发展现状

长江经济带协同发展依托的是长江水上交通运输枢纽和沪昆陆上交通运输枢纽，所涵盖范围多达 11 个城市，在我国的区域经济发展模式中所起到影响是最为关键的。经过研究发现，长江经济带本身是具有众多特色的，如生物多样性、发展潜力等，不论从生态角度、经济发展角度还是城镇布局角度都是如此，这也为日后长江沿岸地区的经济发展提供了坚实的物质基础，有利于全国市场的统一，对于完善区域协同发展机制也是十分有帮助的。

1. 生态文明的建设

从生态文明的角度来看，长江经济带主要以解决产业间矛盾为依托，来进行区域间生态环境的修复。

2. 产业经济的协同发展

从产业经济的角度来看，长江经济带充分利用了政府和市场作用来进行经济市场环境的建设。除此之外，还利用经济手段来推动企业中的资本运作，在航运等方面的发展也具有先天优势。

3. 基础设施的共建共享

从基础设施的角度来看，长江充分利用自身的优势对周边城市地区环境进行重新布局，以此为基础来完善基础设施。

4. 社会事业的协同发展

从社会事业的发展角度来看，长江经济带在就业服务方面的机制建设已经较为完善了，对于扶贫政策的扶持力度也有加大。

5.规划协同与政府间的协商合作

从规划协同和政府协商的角度来看，政府和市场之间的界限显得更加清晰了，同时也可以有效降低外在竞争所带来的负面效应，对于促进市场经济的发展也是有好处的，甚至在其中还发挥着决定性的作用。在进行协同规划的过程中，各方的利益都能够被很好地协调分配，从而实现长江经济带周围城市群协同发展。在长江经济带所涉及的众多领域中，较早加入进去的有长三角地区和长株潭地区，而它们的经济之所以能够快速发展，就是因为区域内部经济部门的协同作用发挥得较为充分。

（三）"一带一路"的发展

"一带一路"是世界上跨度最长的经济大走廊，贯通中亚、东南亚、南亚、西亚乃至欧洲部分区域，沿线绝大多数是新兴经济体和发展中国家，发展潜力巨大。更重要的是，"一带一路"推动形成了我国区域经济一体化的新格局，在全国范围内下"一盘棋"，能够全面提升我国开放型经济水平。

1.从国际层面来看

（1）在经贸合作方面，"一带一路"促进了我国与沿线国家的贸易往来，使我国与沿线国家经贸合作的步伐不断加快。2016年1月到11月，我国与沿线相关国家贸易额占同期我国外贸总额的25.7%。"一带一路"拓展了我国与沿线国家的双向投资，大力发挥沿线50多个境外经贸合作区的作用，打造产业集群式"走出去"的平台，推动实施的重大项目，如巴基斯坦喀喇昆仑公路二期、卡拉奇高速公路、中国老挝铁路已经开工建设，土耳其高铁、匈牙利塞尔维亚铁路等项目正在有序推进。

（2）在资金融通方面，亚投行的组建与成立，为"一带一路"沿线国家的基础设施建设提供更大的融资支持，使得区域间的基础设施建设和互联互通建设进一步推进，并加快了经济一体化的进程，同时对共同应对国际金融危机、转型升级和经济稳定增长，增强中国与亚洲各国之间区域经济发展的内生动力，维护区域金融稳定、维护亚洲地区金融和经济稳定起到了重要的作用。

（3）在交通运输方面，依托西伯利亚大陆桥与新亚欧大陆桥而初步形成的西中东三条中欧运输通道，成为深化我国与沿线国家经贸合作的重要载体和推进"一带一路"建设的重要抓手。

除此之外，我国出台的《关于进一步鼓励开展多式联运工作的通知》，旨在解决过去长期以公路运输为主导、附加值过低等问题，通过海陆空多式联运来优化运输结构，以最低的成本使产品运输更有效率。在 2017 年 2 月，欧亚经济联盟实业家委员会与丝绸之路国际总商会相关负责人签署了《欧亚丝路基金合作协议》和《欧亚丝路商品交易所合作协议》。双方同意共同发起设立欧亚丝路基金，该基金主要投向基础设施、能源交通、商贸物流、生态农业和人文交流等领域，这将为区域间各国经济发展提供更好的资金与金融方面的支持，通过发挥各国的资源优势，加快我国与沿线各国之间多领域的合作与发展。

2. 从国家内部来看

"一带一路"建设并不是特定的几个区域进行协同发展，它鼓励和支持全国层面大范围的整体发展，因此，很大一部分地区都在"一带一路"建设的背景之下提出了相应的目标和规划。例如，在《陕西省"一带一路"建设 2016 年行动计划》中，陕西省将从构建交通商贸物流中心、构建国际产能合作中心、构建科技教育中心、构建旅游金融中心、强化国家生态安全新屏障、建立开放型经济新格局等方面推进"一带一路"建设。在《河南省参与建设"一带一路"实施方案》中，河南省凭借自身区位优势，要力争打造"一带一路"重要的综合交通枢纽和商贸物流中心、新亚欧大陆桥经济走廊区域互动合作重要平台以及内陆对外开放的高地。在《广东省参与丝绸之路经济带和 21 世纪海上丝绸之路建设实施方案》中，广东省分别从基础设施、对外贸易、投资、海洋、能源、金融、旅游、人文交流、外事交流等领域进行合作，实现互利共赢的目标。除此之外，福建、成都、河北、广西、湖南、江西等省市也发布了相应的规划实施方案，还有更多的省市也在积极筹备当中。

（1）在贸易合作方面，从 2013 年开始，我国在国内相继建立了 11 个自贸区，自贸区的建立能够更好地吸引外资，得到更多的优惠待遇，具有互惠互利、相互供应的积极意义。同时，对于出口企业来说，还能推动我国出口稳定增长，开拓有潜力的市场，实施市场多元化，遏制贸易保护主义，减少摩擦，促进双向投资和我国企业"走出去"。

（2）在设施联通方面，2014 年 12 月，兰新高铁正式通车，这将作为"一带一路"重要的组成部分，形成新的"黄金通道"。与此同时，成渝铁路即将完工通车。我国铁路的西进，是中国西部大开发全新的"时空观、边界观、区位观和资源观"，成为促进中国经济增长的新极点，基础设施的先行，能够打通"互联互通"的血脉，形成中国向西开放和欧亚国家走向中国腹地的双向黄金通道，使我国与"一带一路"沿线国家的贸易投资更加便利。

（3）在政策沟通方面，国内各省市加入了"一带一路"的建设，发挥各省区的特色优势，将地方规划与"一带一路"倡议相结合。总之，"一带一路"的发展是要求全国各个地区协同作战，它是"三个支撑带"中涉及范围最广、相关工作最复杂的发展战略。在我国，不论是"四大板块"、京津冀、长江经济带的发展，还是城市群的开发，最终都包含在"一带一路"的建设发展中。"一带一路"中的丝绸之路经济带从东北到西北，横贯国内"四大板块"，它的建设对我国区域经济的发展有以下帮助：

第一，有助于缩小"四大板块"间对外开放的差距。由于对外开放的对象包括了大量中西亚发展中国家，这些国家的能源资源丰富但加工业相对落后，这与我国经济有很大的互补性，有利于我国的进出口，优化对外开放的结构。在这个过程中，国内四大板块之间的对外开放地位也相应发生了重大变化，在向西、向北开放中，必将有力地推动西部、中部和东北地区的发展，缩小由此引起的与东部沿海地区的发展差距。

第二，有利于推动东部地区向中西部地区的产业转移。近年来，东部地区由于土地、劳动力、环境等方面的成本和压力的急剧增大，发展空间越来越小，这就迫切需要其产业向外转移，但是由于其他地区的投资环境与投资吸引力的缺乏，使得国内地区间的产业转移进程缓慢。丝绸之路经济带的建设，在很大程度上能够全面改善和提升这些地区，特别是铁路沿线地区的投资环境，吸引东部地区的资金、技术、人才等资源，推动区域合作，实现共赢，缩小发展差距。

第三，有利于"四大板块"更深一步地推进。四大板块原来所存在的相对独立、各自为战、缺乏配合的发展局面，在丝绸之路经济带战略提出向西、向北开放的政策之后，有了新的机遇和动力，也有了更多的政策选择与着力点，同时丝绸之路经济带的提出也有利于打通四大板块之间的隔阂，能够加强相互之间的配合，提高整体效果，从而实现协同发展。

总之，"三大支撑带"战略的提出，为我国区域之间的合作共赢起到了重要的衔接作用。从空间上来看，西部地区与中部地区通过丝绸之路经济带实现有效对接，中部地区与东部地区又通过长江经济带和 21 世纪海上丝绸之路实现对接，至此，我国"四大板块"通过"三大支撑带"实现有效协同。

三、我国区域经济发展存在的问题及对策

（一）区域经济发展中存在的主要问题

1. 区域经济发展的巨大差异致使国家总体改革目标进退维谷

由于在改革开放初期，我国对东南沿海地区实行政策倾斜、资金倾斜，加上其地理位置优势，目前东南沿海与中西部的发展差距凸显出来了。向沿海倾斜的区域政策使全国经济重心总体向东南偏移，中西部地区的经济类型和产业结构与东部地区也产生了很大差异。

2. 中部经济发展动力不足

自 20 世纪 80 年代初沿海发展战略和 90 年代末西部大开发战略的实施，中部地区经济发展已经出现动力不足之势，十六大后又提出"支持东北地区等老工业基地加快发展和改造"的方针，中部地区经济地位相对下降。中部地区农业比重很大，农村人口过多，而制造业又没有出现由东部向中部转移的梯度效应，在东部大发展、西部大开发、东北经济振兴的新形势下，中部地区经济结构转型所面临的国内的压力会加大。

3. 欠发达地区的造血功能不足

对欠发达地区而言，其基础设施建设明显落后于沿海发达地区，优惠政策也没有绝对的优势，缺乏足够的吸引力，更为重要的是欠发达地区产业结构落后，缺乏对外部资金的吸引力。人才缺乏，科研经费不足，使欠发达地区的经济发展雪上加霜。

（二）区域经济发展的对策建议

1. 加强宏观调控，实施必要的政府干预

从我国目前体制转轨时期的特殊情况来看，虽然社会主义市场经济已经初步

形成了，但是市场发育还不充分，各地经济的市场化水平差距很大，全国统一的市场尚未形成。所以政府应通过转变自身职能，促进市场发育，为区域经济发展创造比较宽松的市场环境。同时，还应通过制定适当的区域经济政策，防止市场机制的自发作用导致地区差距进一步扩大。为解决区域经济发展的非均衡性问题实现共同富裕的目标，政府通过必要的投资倾斜和政策倾斜，加强不发达地区的智力投资，扶持落后地区的经济发展，通过宏观调控措施，达到各个经济区域协调发展的目的。同时寻求"点"的突破，国家在各地区发展的点上集中投入资金、引入技术，培植主导产业，使之成为真正带动周围地区的发展极。

2. 淡化行政区划色彩，强化经济区域功能

打破部门、地域界限，本着"互惠互利、优势互补、结构优化、效益优先"的原则联合起来，推动城市间、地区间的规划联动、产业联动、市场联动、交通联动和政策法规联动。通过整合区域资源、调整区域产业结构、壮大跨区域的龙头产业，以较低的成本促进产业优势的形成。整合的思路应是改革和优化政府。改善政府的纵横向权力结构，把握好上下政府分权和集权的度，从法律、组织、风险等方面约束和规范地方政府的行为，使政府真正从管理走向服务，从全能走向有限，从根本上克服和解决"行政区经济"的弊端，走联动发展，共同繁荣的道路。

3. 理顺资源价格体系

现在我国区域间合理分工和商品交换的主要阻力有两个：一是自然资源产品相对低价、工业制成品相对高价的不等价交换，二是地区分割和地区封锁。因此，协调区域市场需要统一开放的市场体系，其中最为关键是理顺资源价格体系，提高生产要素价格的市场化程度。

4. 落后经济区域发挥本地优势，突出特色

中国中西部地区经济落后的普遍现象是：生活水平低，劳动生产率低，人口增长快，失业率高，严重依赖农产品和初级产品出口，依附性强，生产力脆弱，交通不发达，自然条件差。根据当代发展理论与区域经济理论，综合考虑中西部的实际困难，当前应当重点抓好的问题是，最大限度地调动落后经济区域的内部积极因素，发挥本地优势，加快自身发展。

第二节　中国区域经济协调发展的基本构想

一、区域经济协调发展的实质——区域利益协调

区域经济协调发展的实质是区域利益协调。提到区域协调发展，很多人只注重空间、产业、生态环境和设施的协调而忽视了利益的协调，大多是提出一个"整体利益"，倡导区域利益服从整体利益，而这个整体利益却不明朗，其结局可想而知。直到现在为止，推动区域经济协调发展的主体还是政府，它们是整体利益的代言人，自然要为国家谋求利益的最大化。尽管市场经济演进史一再证明，经济的有效性与市场的开放性呈正相关，只要条件许可，区域之间均会谋求更大范围的合作。但是必须看到，在市场经济下的合作是在竞争的基础之上开展的，区域也不例外，如果缺乏对合作利益的正确评估和有效的分配机制，不能保障每个合作者都能得到大于合作成本的绩效（或补偿），则各区域主体就没有合作的积极性。因此，在讨论区域经济协调发展机制之前，有必要首先对区域利益进行分析。

（一）区域利益的概念

西方空间经济学者（包括经济地理学者、区位经济学者与区域经济学者）没有专门研究过区域利益这一概念。从古典到现代的区位理论，在研究企业的区域活动时，更多关注是企业的区位选择与成本或利润关系。杜能的农业区位理论、韦伯的工业区位理论、克里斯塔勒和廖什的中心地理论、费特尔和帕兰德等的市场区边界理论以及现代的行为学派与社会学派区位理论，莫不以微观经济活动主体的成本最小与利润最大作为分析的基点。在研究区际贸易与要素流动时，区域绝对利益理论与区域比较利益理论，所强调的区域利益没有明确的主体归属性，即其对利益主体的说明是含糊不清的。在研究政府调控时，一些区域经济学家崇尚凯恩斯主义，往往是将区域利益视为行政区利益。区域经济政策与规划一般以行政区利益为基本依据。至于这种利益在行政区范围内是流向地方政府，还是流向某一或某些企业，或是流向某一社会阶层，以及不同流向结构所造成的不同区域现象，往往缺乏深究。

（二）区际利益协调发展的基本原则

区际利益的协调，是关系到地区间经济联系的畅通程度和国民经济高速有效运转的重要问题。区际利益协调的好坏，无论对区域经济的发展，还是对整个国民经济的稳定运行，都具有重要的意义。区际利益协调的任务就是要在保证国家利益的前提下，保证经济区域内各地区和经济区域之间的发展能够获得合理的经济效益，使产业分工的图景变成现实，区际建立正常的经济关系。区际利益协调的结果应该达到既要用利益关系调动地区和企业发展经济的积极性，又要把这种利益关系在发展中的矛盾控制在一定的"度"中，不致使其激化。由此，区际利益协调的基本原则是平等互利。

互利是区际利益协调所希望达到的目标，而要达到互利的目标就需要为各地区发展创造一个公平竞争的外部环境：公平的主要标志是区域发展机会均等，各区在生产和再生产过程中，即在生产、交换、分配与消费各个环节，享受平等的权利和责任。在市场经济条件下，支配区域间商品和生产要素正常进行交流和合作的基本原则，是马克思价值规律中的等价交换原则，只有合理的价格体系，才能使各区域的商品和劳务价值得到有效的实现和合理的补偿。因此，公平竞争环境和合理的价格体系在区际利益协调中具有重要的意义。这就要求以市场为基础配置资源，通过建立利益共同体，发展区际经济关系，而不再提倡用单纯意义的扶贫和无偿支援来消除区际利益矛盾。当然，互利应该尽量做到利益均等，但并不等于绝对利益均等，绝对的利益均等也是不存在的。由于各地区级差收益悬殊，相同的主观努力不一定获得相同的收益，即使在公平政策下竞争，也会出现事实上的不公平，事后通过国民收入再分配途径进行，适当补偿也是必要的。

二、中国区域经济协调发展机制的基本构想

区域经济协调发展关键还是利益的协调，只要能使各区域主体在相互联系的过程中利益得到合理分享，区域经济就能朝着协调的方向发展。因此，区域经济协调机制的构建关键是利益协调机制的构建。这种机制必须是由各区域主体共同参与，尽可能使得各区域主体都能从中获得合理的利益。

首先，在区域利益协调机制中，必须注重对利益的科学评估和有效分配，即在回答区域协调发展能够实现 $1+1 > 2$ 的集体理性之外，通过各种机制保障每一

个区域都能够获得超过合作成本的绩效，这样，才能够有效地促动区域的协调发展，鼓励地方融入集体理性的发展过程中。此外，传统意义的研究经常以能够采用货币计量的实物性收益作为利益的评判机制。实际上，随着社会经济的进一步发展，合作可能给予地方的虚拟权力和发展期权、形象提升等可能也应当成为区域合作的基础，纳入利益评判机制。

其次，要建立新型的"利益分享机制"和"利益补偿机制"。其中"利益分享机制"包括两个层次的含义：第一，指通过调整政策，使同一产业的差别利益在不同的地区间实现合理分布，尽可能地照顾地区经济利益；第二，通过调整政策，使不同产业的利益在不同地区实现合理分享。概括起来就是力求在政策协调的基础上通过竞争与合作，形成良好的地区经济关系，从而实现产业利益的合理分配。

"利益分享机制"具有以下特征：第一，适当的中央政府协调。"利益分享机制"的建立就要客观地协调好产业政策和区域政策的关系。国家区域政策和产业政策相辅相成，产业政策重点在于通过扶持落后地区，改善贫困地区生活条件，以解决经济发展中的公平问题，但也涉及区域发展的条件，即实现"产业"与"地区"相结合的最优区位政策。第二，"利益分享机制"强调在市场经济关系的基础上形成地区间的竞争与合作关系，并在此基础上，实现产业利益的地区分享。这种机制强调创造平等竞争的市场环境，打破地区分割和封锁，形成全国统一、开放的大市场，使各地区在统一市场中处于公平竞争的地位。

所谓"利益补偿机制"就是要通过规范的制度建设，来实现中央与地方、地方与地方的利益转移，从而来实现利益在地区间的合理分配。这种"利益补偿机制"主要表现为要建立规范的财政转移支付制度和对口支援。

与传统的利益协调手段及"利益分享机制"相比，"利益补偿机制"具有以下优点：第一，地区利益的补偿将会通过规范的利益转移来实现。地方能够获得补助的多少取决于"跑""要"的程度。新机制将是在非常规范的条件下进行。第二，"利益补偿机制"更强调公平。"利益分享机制"实际更强调效率，即鼓励地方在竞争与合作的基础上，来获得自己应得的那份利益。如果说这种产业利益分配没有达到理想中的优化，那么就有必要利用"利益补偿机制"对地方利益进行再分配，从而使地区利益分配达到一种比较公平的状态。当然这种公平分配首先应该承认在效率差别基础上形成的地区利益差别具有合理性。第三，在"利益补偿机制"运行中，中央政府处于核心地位。"利益分享机制"强调的是形成一种合理的地方经济关系，而在"利益补偿机制"中，不管是纵向的利益转移还是横向利益转移，中央政府都处于重要地位，地方政府则是转移或被转移的对象。

三、中国区域经济协调发展的框架

（一）市场机制

区域发展不均衡是自然的、历史的、经济的和政治的各种因素综合作用的结果。我国由于市场经济体制还不完善，突出表现在要素价格还没有充分反映其稀缺程度，特别是发达地区由于有财力对土地费用等要素价格进行补贴，在一定程度上阻碍了资金在区域间的自由流动。经济学理论证明，充分的要素资源流动，会通过一只"无形的手"，调节要素价格，最终形成区域间的均衡配置机制。崇尚自由竞争的北美国家，一般不制定主动的区域援助政策，主要的担心是它会造成市场的扭曲和依赖性；而促进落后地区发展，最重要的就是鼓励人口和资本流动、开展区域合作和教育培训。因此，在社会主义市场经济条件下，推进区域协调发展，必须打破地区封锁，加快建立全国统一市场，实现生产要素在区域间自由流动和产业转移，不能再靠行政命令调拨资源、计划安排项目来实现。

（二）合作机制

合作机制是在区域之间，由政府搭台，企业唱戏的机制。我国中西部地区具有资源优势，东部地区具有资金、技术和人才优势，通过发展横向联合，互通有无，互相支持，使东部地区的资金、技术和人才优势与中西部地区的资源优势结合起来，促进东部地区那些主要依靠中西部资源的产业向中西部地区转移，既可以避免资源大跨度大规模调动，降低全社会运输成本和交易成本，提高整体经济效率，也可以带动中西部地区的经济发展。建立制度化的区域合作机制，开展多层次、多形式、多领域的区域合作。加强统筹协调，在基础设施和公共服务建设方面加强协作，避免重复建设和资源浪费。充分发挥政府和中介机构的作用，建立区域合作的服务体系，鼓励区域合作方式创新。

（三）政府干预（宏观调控）

中央政府经济管理的重点是在有效实施"十五"期间国民经济和社会发展计划的基础上，"十一五"期间根据优势互补、整体协调的原则，对各个区域经济进行规划、指导和管理，根据不同区域的资源状况、发展潜力、地区优势实施有区别的区域发展政策，并保证区域发展政策的稳定性和连续性。在区域经济管理体制上，要调整中央与地方的管理职能，协调中央和地方的利益关系，逐步完善中央和地方的分级管理体系。中央政府还应通过完善促进区域经济协调发展的财税政策、金融政策、法律法规等，引导国内外投资者到中西部投资。从市场机制和宏观调控的关系来看，双方是正向互动的关系。市场机制和宏观调控机制，从市场经济诞生的第一天起就始终是相伴相随的。割裂二者，无论哪种机制都无法单独有效地维护一种生产率最高、资源配置最优、市场主体行为约束最好的秩序。割裂二者，就相当于割断了东部发达地区资金技术的要素优势与中西部地区的资源优势的联系与互利，阻碍了区域经济发展的内生合作机制的形成和发达地区对落后地区的扩散效应或滴滴效应。

市场机制是一种"自然秩序"，宏观调控是一种"人为秩序"。无论是市场机制还是宏观调控都存在自身无法克服的缺陷，市场机制的缺陷需要宏观调控来弥补，除此之外任何扩大宏观调控作用范围和政府权力的倾向都应该制止。市场机制和宏观调控功能互补使二者不可分离。而区域合作的发展程度与市场化水平和政府宏观调控方向密切相关。政府通过政策制定、完善服务体系，在市场机制的作用下，促进东部地区的资金、技术和中西部的资源开发相结合，开展互惠互利的区域合作。可见，区域合作必然伴随着劳动力、资金和技术等要素在区域间的流动，要素在区域间的流动规模和速度也决定着区域合作的广度和深度。政府的财税、金融、产业政策影响着各合作主体间的利益分配，直接关系到区域合作能否达成。而区域合作的实践又为政府宏观调控政策的出台提供重要依据。

第三节 中国区域经济发展趋势

一、谋求区域的协调发展与可持续发展

协调发展和可持续发展是 21 世纪中国区域经济发展的首要目标，也是 21 世纪中国崛起于世界强国之林的必要前提条件。

（一）给更广泛的区域以更多的发展条件

中国 50% 以上的财富长期依赖于沿海地区创造，其他三大区域发展的空间相对狭小，在沿海地区又过多地聚集于三大城市群。其次，沿海地区产业效率提高的速度甚至低于其他地区，说明沿海地区存在有过度聚集和部分萧条的现象：特别是珠江三角洲和京津唐城市群所在区域，资源环境承载力严重不足。

21 世纪中国区域经济协调发展需要纠正过度集中的格局，建立大分散、小集中的国土格局。所谓大分散是指要在各大区资源环境承载力较强和经济社会发展程度较高的地区培育新的城市群作为增长极，带动整个区域的发展，提高中西部地区及东北地区的整体发展水平，谋求国土的均衡发展。小集中是指在各区域内城市化一定要谋求聚集经济效益，建立以大型城市群为主的空间结构，避免重复以小城镇为主的发展构架。

为了谋求区域协调发展，需要对沿海地区环境承载力较弱的地区进行严格的规模控制。城市规模控制的手段不可沿用户籍管理制度，必须用经济和行政的手段相结合。经济的手段即将工业用地推向土地市场，通过提高土地价格促进城市产业结构升级，同时扩散劳动密集型产业，减少一般性劳动力的过度集中，进而控制人口：行政的手段即建立城市增长的边界，划定城市空间发展的最大区域范围，城市政府只在边界内提供公共基础设施，强制性控制城市发展规模，提高城市发展效率。

为了促进 21 世纪区域协调发展，还必须对中西部地区及东北地区城市采取必要的倾斜政策，在新型产业空间配置、土地资源配置等方面给予倾斜，避免大量新的发展机会用行政手段再度过度聚集于沿海。经过 20 年的发展，中国中西部地区已经发展出一大批具有很强发展能力和创新能力的中心城市，比如武汉、成都、西安等，以这些城市为中心的城市群完全有能力承担新型工业化过程中

的许多重大任务，这些城市和城市群将为 21 世纪中国区域的协调发展作出重大贡献。

（二）在各个领域建立节约型发展模式

可持续发展的内涵是实现人与自然的和谐以及人与人之间的和谐发展，其中人与人的和谐又包括当代人与后代人的和谐、当代人不同群体之间的和谐以及不同区域之间的和谐。可见，区域协调发展同时也是中国推进可持续发展的重要举措。

通过中国经济社会发展对能源、土地及交通基础设施消耗的研究，可以看出中国构建节约型的国民经济体系有三大关键环节。

第一，建立资源节约型的生产体系。新型工业化就是要大幅度调整产业结构和技术结构，建立以中等技术、中高技术和高技术为主的产业结构，从而减少生产过程中对资源能源的消耗。新型工业化是建立资源节约型生产体系的直接路径。

第二，建立土地节约型的空间结构。城市是非农产业发展的空间载体，城市土地利用的集约程度与城市规模成正比。一般而言，中国大城市人均占用土地为 80～100 平方米，中小城市一般为 100～120 平方米，小城镇一般为 120～150 平方米，乡村居民人均用地一般超过 200 平方米。因此，中国要节约土地资源，最重要的途径是推进城市化的发展，扭转以小城镇为主的城市化发展思路，建立以城市群为主体的土地节约型空间结构。

第三，建立资源与土地节约型的交通网络。构建连接全国城市群和城市体系的交通网络。交通运输已经成为中国能源资源和土地资源消耗的重要部门，因此，如何比较各种可选限额交通运输方式，建立既快速又节约的交通网络系统是中国未来时期实现区域协调发展与可以持续发展的关键环节。

二、新型工业化和城市化成为主要动力

新型工业化与城市化发展互相促进，互相依赖，共同促进构成区域经济发展的主要动力。中国新一轮产业结构转型将成为新时期促进城市化进程的主要力量，没有新型工业化就没有城市化。新型工业化对城市化推进的基本路径如下：

第一，现代装备产业作为主导产业优先得到大力支持和发展。现代装备产业

是新型工业化的先导产业，是用信息化带动工业化的关键。所谓用信息化带动工业化、用先进技术武装传统产业，主要是指用信息化技术、智能化设备来武装传统工业，智能化设备生产的过程就是现代装备产业发展的过程。现代装备产业的发展既是产业结构升级的过程，也是中国整个国民经济技术装备实现信息化的物质前提，是实现新型工业化"科技含量高"的产业依托，是实现新型产业体系"经济效益好、资源消耗低、环境污染少"的技术基础和物质基础。

第二，现代装备产业先行快速扩张，为农业、轻工业、服务业以及重工业本身提供大量先进的技术装备，为企业低成本实现技术进步提供广泛的条件。企业普遍地实现技术进步有利于提升企业市场竞争力，扩大产品市场，逐渐提高中国产品在中高端国际市场上的贸易份额。这是中国以新型工业化提升国际经济地位的过程。

第三，在新型工业化的过程中，装备产业和高档耐用消费品工业作为主导，主要起着引领整个产业结构转型的作用。但是，即便在重工业内部，装备产业和高档耐用消费品工业也完全不是全部发展的空间，深加工工业化过程会对原材料工业产生更大规模的拉动效应，几乎所有的原材料工业都需要在新的技术层面上大规模发展。

第四，企业广泛地实现技术进步和规模化发展，有力促进第三产业的快速发展。包括直接为教育、研发、金融、房地产、物流等现代生产业提供充分的市场，以及通过提高劳动者收入水平，为生活服务业市场提供广泛而持久的需求拉力。生活服务业和生产服务业一起支撑起第三产业的快速发展，最终促进中国向工业化后期过度。

第五，现代第三产业快速发展将铺就新型工业化与城市化的协调发展之路。现代第三产业快速发展将引致第二次劳动力转移浪潮的持续推进，从而为非农产业扩大就业提供广大的市场前景，真正做到"人力资源优势得到充分发挥"。随着非农产业就业机会的快速扩张，农村人口大量而相对稳定地进入城市，由农村居民转化为城市居民，逐渐促进中国由传统的农村社会向现代城市社会转化，完成中国的城市化过程。

综上所述，一个国家深加工化的过程实际上是整个产业体系在更高技术层次上广泛扩张的过程，从而是一个国家经济社会结构实现根本性转型的过程。中国的新型工业化之路实际上是一条新时期工业化和城市化的协调发展之路。城市化主要通过如下三个路径为新型工业化提供市场环境和空间保障：城市化通过需求扩张拉动经济增长与产业结构升级，城市化是加速积累人力资本的主要路径，城市化和城市现代化为产业的高效发展必备的空间依托。新型工业化与城市化是未来时期中国各大区域共同的发展动力。

三、以城市群发展奠定区域经济发展格局

城市群是中国区域经济发展中新型工业化与城市化过程共同的空间依托。

（一）城市群是中国参与国际竞争的基本空间单元

21世纪的国际经济竞争将日趋激烈，参与国际竞争的主体将日益具体化。国家与国家之间的竞争在市场主体上具体化为企业与企业之间的竞争，在空间主体上具体化为城市群和城市群之间的竞争。只有大型城市群才有可能具备参与世界分工所需的大型先进的区域性基础设施，以及足够的产业集群和经济规模，必须构建城市群作为中国21世纪中国参与国际经济竞争的基本空间单元。

城市群是迄今为止城市发展的最高形态。要提升中国的国家竞争力，必须培育出一批具有国际竞争力的城市群，在这里孕育具有国际竞争力的大型企业集团和中高端产业链与产品链。如果说沿海地区三大城市群引领中国开始走向世界的话，那么，要使中国崛起于世界，将中国建设成为世界的制造业基地，建设成为世界经济强国，要参与世界中高端市场的竞争并拥有一定的话语权，中国还需要在更广泛的区域培养出具有同样国际竞争力的大批城市群和城市带。

（二）城市群是中国推进新型工业化的基地

新型工业化是中国未来时期发展的主旋律，而新型工业化要依靠一系列转型来实现，其中主要的结构性转型就是空间结构转型。中国未来的城市化需要大幅度调整空间结构，要建立以城市群为主要空间依托，以城市为主体，大中小城市协调发展的城市化道路。城市群将成为中国实现新型工业化最主要的非农产业高效率发展的基地。

中国15大城市群合计创造中国GDP的70%以上，其中，长江三角洲以中高技术和高技术产业为主的现代制造业产值占中国的1/4强。可见，中国各大区中

心城市已经基本构建了以中高技术和高技术为主的产业结构，其比例远远高于全国 52% 的水平，已经构成中国未来现代制造业和现代服务业发展的基地。

（三）城市群是吸纳中国农村富余劳动力转移和推进城市化发展的主要空间

中国的城市化从来都是以城市群和城市为主体推进的。城市是中国解决农村富余劳动力的主要载体，一般建制镇缺乏大规模吸纳农村劳动力就业的能力。中国必须走以城市群为主要空间依托以城市为主体的城市化道路。

以城市群为主要空间依托的城市化道路一旦确定，全国将逐步形成各大区以城市群为主体的区域经济发展空间格局，这是中国形成大分散小集中相对均衡国土格局的基础。大规模建设全国性高速交通设施网络，则是保障全国各大城市群高效运行的基础条件。

四、建设全国性高速交通网络

21 世纪中国区域经济发展战略由高度聚集于沿海地区向区域协调发展转化，全国性高速交通网络是否建成及其运行状况将在很大程度上决定着新的国土构架能否健康高效运行。

21 世纪全国性高速交通网络的建设必须遵循如下原则：

（一）构建高效便捷的一日交通圈

根据区域经济发展的需要，中国未来高速交通网络的基本任务是完成构建各大城市群内部一日交通圈，以及全国性一日交通圈。所谓一日交通圈，一般是指单程 3 小时的交通距离，因而又称为 3 小时交通圈。

如上所述，中国 21 世纪要建设一批具有国际竞争力的大型城市群，而城市群形成的基本条件就是快速交通设施的建设。由于现代大城市群的各城市之间具有广泛的产业联系和商务往来，因此必须构建一天之内可以往返并且能够完成商务谈判等各种商务活动及私人活动的工作区域和生活区域。只有这样的交通系统才有可能充分地实现城市之间的产业分工与合作，才能够充分享受相互之间的基础设施、公共服务及其他城市特色服务，提高城市群内部整体运行效率和居民生活质量。

中国国土辽阔，短期内难以实现所有城市之间的一日交通圈，但是，我们应该将第一步目标确定建立大城市群之间一日交通圈，即在人不感觉十分疲惫的前提下，一日内完成城市群之间的商务往来，从而促进在全国范围内实现有效的产业分工合作。

可见，中国大部分城市群之间的距离在 500～1500 公里以内。因此建设中国城市群之间的一日商务圈，就是要选择合适的交通运输方式，完成一日内 2500～3000 公里的旅行，并在其间完成需要的商务洽谈和会议等工作。考虑到人们能够承受的旅行和工作时间总和，单程旅行时间应该控制在 3 小时左右，并且能够实现城市群之间的高速交通运输方式与城市群及城市内部的快速交通方式实现快速换乘以顺畅到达目的地。如果有 500 公里 / 小时的便捷交通运输方式是最为理想的选择。

当前，唯有飞机在理论上可能实现这样的一日往返交通。但是，由于飞机两头占用时间长，单程的时间总距离要达到 5～6 小时，实际上很难做到一日无疲惫地往返于两大城市群之间完成商务活动。而且飞机价格昂贵，大量的民间企业难以普遍地将其作为日常交通方式。因此，中国还需要选择更加符合中国国情的高速交通方式。这将是中国 21 世纪启动的一场交通革命。

（二）应用先进交通运输技术

交通是服务于国民经济所有领域的行业，其效率不仅关系到自身的发展，也是中国 21 世纪选择全国性交通运输网络必须遵循的原则。

另一方面，交通基础设施建设是一个庞大的产业体系，通过先进技术的广泛运用带动中国现代制造业发展中国 21 世纪初新兴工业化的重要契机。回顾 19 世纪下半期美国铁路网的快速建设，极大地推进了全美国钢铁、机车制造、发动机制造、能源产业等一系列产业的发展，成为 19 世纪下半期美国经济增长的发动机。并且，随着美国铁路网的建设，原来被分割的地区市场快速连接为全国性市场，形成了美国 19 世纪末 20 世纪初第一轮企业间大规模地、普遍的兼并浪潮，造就了一大批美国大型企业集团。虽然后来美国由于特殊的历史原因和经济社会原因，铁路运输退居二线，但是其历史作用功不可没。

中国 21 世纪正值崛起于世界强国的关键时期，选择最先进的技术装备交通运输业，不仅对于建立高效先进的运输体系，而且对于中国新世纪现代制造业体系的发展都具有至关重要的意义。

（三）具有高度的安全性和经济性

增强安全性是任何国家发展交通运输必须关注的重大问题。中国是人口大国，一旦城市化水平达到 60%～70%，将有近 10 亿人居住在城市，其中 80% 左右居住在各城市群区域，高速交通网络将成为他们出行的最好选择，安全性要求是第一要求。

经济性是中国高速交通网络建设需要重视的问题。中国作为发展中中国家，公众对交通的支付能力相对有限。在效率、安全和经济性兼顾的交通运输方式中，应选择最符合中国国情的具有经济、技术、社会、宏观效应的理想模式。

第五章　中国区域经济管理创新

本章为中国区域经济发展与管理创新，主要包括三节内容，依次是第一节新时代区域协调发展战略的实施进展与展望、第二节区域经济一体化研究、第三节"一带一路"背景下区域经济发展。

第一节　新时代区域协调发展战略

一、贯彻新发展理念的区域经济协调发展战略

2015 年 10 月，中共十八届五中全会强调，欲实现"十三五"时期发展目标，将发展优势厚植而出，对发展难题进行破解，必须将新发展理念（创新、协调、绿色、开放、共享）牢固树立起来，同时对其进行贯彻落实。可以说，这场变革颇为深刻，与中国发展全局密切相关。

2017 年 10 月，中共十九大报告将坚持新发展理念作为新时代坚持和发展中国特色社会主义的一大基本方略，明确表明，我国一切问题的解决基础与关键就是"发展"，发展必须是科学的，必须坚定不移地对新发展理念进行贯彻落实。

此外，中共十九大报告第一次提出"现代化经济体系"这一概念，并表明，现如今我国经济不再处于高速增长阶段，而是已经迈入高质量发展阶段，正处于转换增长动力、优化经济结构、转变发展方式的攻关期，对现代化经济体系进行建设，是我国经济发展的战略目标。

可以说，对现代化经济体系的建设不仅是重大理论命题，也是重大实践课题，是需要细细思量的"大文章"，必须立足理论、结合实践，以此为基础展开全面而深入的探讨。

中共十九大报告表明，在贯彻新发展理念、建设现代化经济体系中，实施区域协调发展战略可谓是非常重要的一部分，同时也部署了实施区域协调发展战略的主要任务，现简要总结如下：

对贫困地区、边疆地区、民族地区、革命老区的快速发展予以大力支持；对有关举措进行强化，助推西部大开发，促使新格局形成；将改革引向纵深，振兴东北等老工业基地；对优势进行充分发挥，助推中部地区崛起；对引领工作进行创新，优先发展东部地区，将更加有效的区域协调发展新机制建立起来。以城市群为主体，将小城镇和大中小城市协调发展的城镇格局构建起来，使得农业转移人口市民化步伐加快。要牢牢牵住"牛鼻子"——对北京非首都功能进行纾解，为京津冀协同发展注入强大动力，对雄安新区进行高标准规划与建设。坚持"共抓大保护，不搞大开发"，对长江经济带发展进行推动。对资源型地区经济转型发展提供强大支撑。促进边疆发展，保障边境安全、边疆稳固。坚持统筹陆海，快速迈出海洋强国建设步伐。①

二、新时代区域经济协调发展的展望

（一）推进区域经济发展的总体战略

1. 继续推进西部大开发战略

要从中华民族长远利益考虑，把生态环境保护放到重要位置，坚持走生态优先、绿色发展的新路子；发挥共建"一带一路"的引领带动作用，加快建设内外通道和区域性枢纽，完善基础设施网络，提高对外开放和外向型经济发展水平；推动高质量发展，贯彻落实新发展理念，深化供给侧结构性改革，支持西部地区加强科技创新，拓展发展新空间，加快新旧动能转换，促进西部地区经济社会发展与人口、资源、环境相协调。

2. 加快东北等老工业基地振兴

要全面推进行政管理体制改革、深化国有企业改革、加快民营经济发展。东北三省要全面对标国内先进地区，加快转变政府职能，进一步推进简政放权、放

---

① 《党的十九大报告辅导读本》编写组. 党的十九大报告辅导读本 [M]. 北京：人民出版社，201：32.

管结合、优化服务改革；深化国有企业改革，真正确立国有企业的市场主体地位，增强市场竞争力；加快民营经济发展，开展民营经济发展改革示范，重点培育有利于民营经济发展的政策环境、市场环境、金融环境、创新环境、法治环境等，增强民营企业发展信心。

东北地区还要提高智能制造绿色制造、精益制造和服务型制造能力，积极开拓重大装备国际市场，推动国际产能和装备制造合作，加快传统产业转型升级，推进创新转型。要支持信息产业发展和信息基础设施建设，发展基于"互联网＋"的新产业新业态，大力培育新动能。

3. 促进中部地区崛起

要严格保护重点生态功能区和农产品主产区，打造网络化开放格局，扶持特殊困难地区加快发展，规范发展区域功能性平台，优化空间结构；推进供给侧结构性改革，深化重点领域和关键环节改革，实施创新驱动发展战略，推动大众创业万众创新，培育区域发展新动能；推动制造业提升改造，发展战略性新兴产业，促进产业集群化发展，加快发展现代服务业，建设现代产业新体系；巩固提升全国粮食生产基地地位，推进农村一、二、三产业融合发展，提高农业科技支撑水平，构建新型农业经营体系，开创现代农业发展新局面；强化综合交通运输枢纽地位，提高能源保障水平，加强水利基础设施建设，构建新一代信息基础设施，构筑现代基础设施新网络；筑牢生态安全屏障，加大环境治理力度，加强重点流域治理，节约集约利用资源；加快融入重大国家战略，全面推进双向开放，深化区域内部合作，塑造区域竞争新优势。

4. 率先实现东部地区优化发展

要首先确保产业优化升级之实现，对现代服务业与新兴产业进行引领，使之不断发展，将全球先进制造业基地打造而出；对创新要素聚集的特殊优势进行充分利用，并对之不断加以拓展，将有着强大国际影响力的创新高地打造而出；要优先将全方位开放型经济体系建立起来，不仅要对国际经济竞争与合作积极参与，更要做到高层次参与，确保开放新优势的扩大；要实现东部地区城市群的快速发展，对改革力度进一步深化，将城市群内多项支撑的创新空间载体构建起来，对具有特色的创新单元进行培育，不断提高城市群在配置要素、重组结构时的效率，实现区域一体化发展质量的整体提升。

（二）推进国家重大区域战略的深入实施与融合发展

（1）要按照高质量发展的要求推进国家重大区域战略的深入实施。

首先，要牢牢抓住"牛鼻子"（即对北京非首都功能进行疏解），对京津冀协同发展进行推动。要率先在京津冀三个重点领域（产业、生态、交通）实现突破，将一体化现代交通网络构建起来，实现环境容量、生态空间的扩大，对产业布局进行优化。要加快速度建设北京城市副中心，对功能定位、空间格局进行优化；要对如下理念进行坚持——高点定位、中国特色、国际标准、世界眼光，对雄安新区进行高起点规划、高标准建设。

其次，推动长江经济带发展，坚定不移落实"共抓大保护、不搞大开发"导向。要一以贯之地遵循生态优先，着眼于长江流域系统性与生态系统整体性，对生态要素（山、水、林、田、湖、草等）进行统筹，确保将长江生态环境保护修复工作全面完成好，将长江生态环境透支问题一步步解决好。

要对经济发展和生态环境保护的关系进行准确、科学、合理地把握，对如何将绿水青山变为金山银山的问题进行积极探索，将具备条件的地区挑选出来，作为试点开展生态产品价值实现机制，对以政府为主导、社会各界和企业共同参与、市场化运作、可持续的生态产品价值实现路径进行探索，对绿色发展与生态优先协同推进的新路径进行探索。要始终贯彻落实"效益优先、质量第一"理念，对人力资源、现代金融、科技创新、实体经济协同发展的产业体系进行建设，并加快建设步伐，将宏观调控有度、微观主体有活力、市场机制有效的经济体制构建起来，为长江经济带高质量发展注入强大动力。

再次，注重"一带一路"建设，实施更加主动积极的开放战略，将互利共赢的国际区域合作新机制构建起来。对国际区域合作机制作用予以充分发挥（如"一带一路"国际合作高峰论坛、图们江地区开发合作、上海合作组织、澜沧江—湄公河合作、中非合作论坛、中日韩合作、中俄东北远东合作、东盟与中日韩合作、中国东盟合作、长江—伏尔加河合作等），强化区域合作与次区域合作。对沿边地区进行鼓励与支持，使其充分借助国际合作平台，主动、积极地参与，推进国际区域合作。加快速度建设重点开发开放试验区，大力发展边境经济合作区，对跨境经济合作区进行稳步建设，对境外经贸合作区、产能合作园区的带动作用予以充分发挥。

最后，建设富有活力和国际竞争力的一流湾区和世界级城市群，打造高质量发展的典范，进一步推进粤港澳大湾区建设。要实施创新驱动发展战略，完善区域协同创新体系，集聚国际创新资源，建设具有国际竞争力的创新发展区域。全面深化改革，推动重点领域和关键环节改革取得新突破，释放改革红利，促进各类要素在大湾区便捷流动和优化配置；实施区域协调发展战略，充分发挥各地区比较优势，加强政策协调和规划衔接，优化区域功能布局，推动区域城乡协调发展，不断增强发展的整体性；树立绿色发展理念，坚持节约资源和保护环境的基本国策，实行最严格的生态环境保护制度，推动形成绿色低碳的生产生活方式和城市建设运营模式，促进大湾区可持续发展；以"一带一路"建设为重点，构建开放型经济新体制，打造高水平开放平台，对接高标准贸易投资规则，加快培育国际合作和竞争新优势。

充分发挥港澳独特优势，创新完善各领域开放合作体制机制，深化内地与港澳互利合作；把坚持"一国"原则和尊重"两制"差异有机结合起来，把国家所需和港澳所长有机结合起来，充分发挥市场化机制的作用，促进粤港澳优势互补，实现共同发展。

（2）要充分发挥粤港澳大湾区建设、长江经济带发展、京津冀协同发展、"一带一路"建设等重大战略的引领作用，基于四大板块（东部、西部、中部、东北），为融合发展国家重大区域战略注入强大动力，推促区域间彼此融通补充。

首先，对粤港澳大湾区建设、长江经济带发展、京津冀协同发展、"一带一路"建设等重大战略的协调对接予以强化，让各区域更好地联动合作。

其次，基于"一带一路"建设，为沿边地区、内陆地区、沿海地区协同开放注入动力，将协调国内南北方和东中西、统筹国际国内的区域发展新格局构建起来。

再次，对区域空间结构和经济结构进行调整，牢牢牵住"对北京非首都功能进行疏解"的牛鼻子，让京津冀协同发展更上一层楼。对特大城市、超大城市等人口经济密集地区的有序疏解功能进行探索，对"大城市病"的优化开发模式进行有效治理。

长江经济带具有横跨三大板块（东中西）的区位优势，要将"绿色发展、生态优先"作为引领，将"共抓大保护、不搞大开发"作为导向，对该区位优势进行充分发挥。要以长江黄金水道为依托，对沿江地区高质量发展和长江中下游地区协调发展进行推动。

最后，将城市群对区域发展进行带动、中心城市对城市群发展进行引领的新模式建立起来，让区域板块之间能够更好地融合互动发展。要将天津、北京作为中心，对京津冀城市群发展进行引领，助推环渤海地区协同发展；要将上海作为中心，对长三角城市群发展进行引领，对长江经济带发展起到充分带动作用；要以深圳、广州、澳门、香港为中心，对粤港澳大湾区建设进行引领，助推珠江—西江经济带绿色发展、创新发展；要以西安、郑州、武汉、成都、重庆等为中心，对关中平原、中原、长江中游、成渝等城市群发展进行引领，对相关板块融合发展起到带动作用。

（三）推进区域经济协调发展的新机制

1. 健全市场一体化发展机制

实施全国统一的市场准入负面清单制度，将具有隐蔽性、歧视性的区域市场准入限制消除。实施公平竞争审查制度，将区域市场壁垒消除，对行政性垄断进行打破，实现营商环境之优化，将市场活力充分激发出来，确保区域间要素能够流动自由。

依照要求，对有序、竞争、开放、统一的市场体系进行建设，推动粤港澳、长江经济带、京津冀等区域市场建设，积极主动探索建立有着联动的区域市场、统一的规划制度、一致的治理方式、共推的发展模式的区域市场一体化发展新机制，让全国统一的大市场尽快形成。

2. 深化区域合作机制

促进粤港澳大湾区、长江经济带、京津冀地区等合作的水平不断提升、层次不断提高，对企业进行鼓励与引导，使之将跨行业、跨地区的人才、产业、创新、技术等合作平台组建起来。强化城市群内部城市间的密切合作，对城市间改革创新、产业分工、对外开放、基础设施、环境治理、公共服务等协调联动加以推动。

3. 创新区域政策调控机制

对差别化的区域政策贯彻实行，将区域比较优势发挥而出，实现环保、财政、土地、产业等政策有效性与精准性的提升，做到因地制宜地对区域发展动能进行激发。

要坚定不移地在生态环境脆弱敏感区域和生态功能重要区域一以贯之地落实如下政策导向：对生态环境的改善就是对生产力的发展、对生态环境的保护就是对生产力的保护，严格禁止任何与主体功能定位不相符的开发活动；相关中央财政专项转移支付和中央预算内投资要持续倾斜向东北地区等老工业基地和中西部等欠发达地区；对西部地区有关产业指导目录进行动态调整，在有必要的情况下，从政策方面向西部地区适宜产业和优势产业发展倾斜。

对跨区域重大民生工程和基础设施用地需求进行保障，将建设用地计划指标向特殊困难地区和边境地区倾斜。

4. 优化区域互助机制

对全方位、精准对口支援进一步深化，推动甘肃、云南、四川、青海四省藏区以及西藏、新疆经济社会不断健康发展，推动民族交融、交流、交往；针对经济转型升级困难地区，对对口合作（协作）加以组织、开展，将企业、政府以及相关研究机构等社会力量广泛参与的对口合作（协作）体系构建而出。

5. 健全区际利益补偿机制

遵循分布推进、试点先行、权责对等、区际公平原则，实现横向生态补偿机制的不断完善，对流域上游、流域下游、生态保护和生态受益地区进行鼓励，使之通过多种方式（如共建园区、资金补偿、人才培训、产业转移、对口协作等）将横向补偿关系建立起来。

6. 完善基本公共服务均等化机制

推进财政支出责任划分和事权改革，将保障有力、标准合理、财力协调、权责清晰的基本公共服务保障机制和制度体系一步步建立起来。强化跨区域基本公共服务统筹合作，鼓励珠三角、长三角、京津冀地区对基本公共服务跨区域流转衔接的具体做法积极探索，积累形成可复制、可推广的经验。

第二节 区域经济一体化

一、区域经济一体化概述

（一）概念

区域经济一体化一般是指某一地理区域内或区域之间，某些国家和政治实体建立超国家的组织机构的过程。

（二）区域经济一体化的要求

在经济上，成员国之间消除所有歧视性贸易障碍，实行不同程度的经济联合和共同的经济调节，统一市场规则，建立各生产要素可以自由流动的统一市场。在政治上，必须建立一个能在区域内协调和调节各种经济关系的中心机构，并由这个机构负责执行一体化范围内的有关活动。

（三）区域经济一体化的形式

按经济主权限制和让渡程度的不同，以及成员国之间经济结合程度的不同，可以将区域经济体划分为六个层次。

1. 优惠贸易安排

优惠贸易安排，是指成员国之间通过签订协定，对相互之间全部或部分商品的进口规定特别的关税优惠。它是一体化程度最低、组织最松散的一体化形式。1932 年，英国与英联邦成员国建立的"帝国特惠制"，以及《亚太贸易协定》各成员国之间达成的优惠安排就是典型的例子。

2. 自由贸易区

自由贸易区，简称自贸区，是指两个或两个以上成员国之间通过签订自由贸易协定，在最惠国待遇的基础上进一步开放市场，分阶段取消绝大部分货物的关税和非关税壁垒，改善服务和投资准入条件，从而形成的贸易和投资自由化的特定区域。

自由贸易区的基本特征是成员国之间彼此取消关税与非关税壁垒，对外不实行统一的公共关税。因此，不同成员对外关税差别很大，这就为非成员国的出口避税提供了可能。

自由贸易区需要制定统一的原产地规则。自由贸易区的原产地规则非常严格，一般规定只有商品在自由贸易区内增值 50% 以上的才能享受免税待遇。

目前，北美自由贸易区是世界上规模最大的自贸区，中国—东盟自由贸易区是中国参与的最大规模的自贸区。

3. 关税同盟

关税同盟，是指成员国之间在完全取消关税和非关税壁垒的基础上，同时实行对外统一的关税税率而结成的同盟。关税同盟意味着撤除了成员国各自原有的关境，组成了共同的对外关境。

关税同盟开始具有超国家性质，是比自贸区层次更高的经济一体化组织。早期欧共体 6 国自 1967 年开始对外实行统一关税税率，并于 1968 年 7 月相互取消商品关税和限额，建立起关税同盟，标志欧洲国家经济一体化的起点。

4. 共同市场

共同市场，是指成员国之间完全取消关税与非关税壁垒，建立对非成员国的统一关税，在实现商品自由流通的同时允许资本、劳动力等生产要素在区域内自由流动，形成一个统一的大市场，并力图实现成员国在若干重要经济领域的协调和制订共同的经济政策。

共同市场通常还要求成员国之间在自愿协议的基础上让渡部分主权，建立协调和制定共同政策及管理该组织共同事务的权力机构。欧共体从一开始就被称为共同市场，但实际上欧共体直到 1985 年才开始逐步建立真正的统一市场，并于 1993 年 1 月 1 日起正式实现商品、人员、资本和劳务的自由流通，欧共体的统一大市场最终基本建成。

5. 经济联盟

经济联盟，是指成员国之间不仅实现商品、生产要素的自由流动，建立共同的对外关税，而且制定和执行一些共同的经济政策和社会政策，逐步取消各国在政策方面的差异，使一体化从商品交换扩展到生产、分配乃至整个国民经济，从而形成一个有机的经济实体。

应该在多大的经济政策范围内实现统一才能称为经济联盟，理论上尚无明确界定，但货币政策的统一作为一个重要标志是有共识的，即成员国之间有统一的中央银行、单一的货币和共同的外汇储备。

6. 完全经济一体化

完全经济一体化，是区域经济一体化发展的最高阶段。在这一阶段，各成员国在经济、金融和财政等方面均实现完全统一，在经济上形成单一的经济实体，国家（或地区）的经济权力全都让渡给一体化组织的共同机构。该机构拥有全部的经济政策制定和管理权，而各成员国不再单独执行经济职能。

目前，世界上尚无此类经济一体化组织，只有欧盟在为实现该目标而努力。然而欧盟要真正实现该目标还有很多困难，随着欧盟成员的不断增加，成员之间经济实力的差距越来越大，实现该目标的难度也逐渐加大。

二、促进中国区域经济一体化的政策措施

（一）制定推进区域经济一体化的总体规划

立足国际贸易理论，不难看出，区域经济一体化将产生贸易创造与转移效应。如果在参与经济一体化时，想要在经济方面实现受益，就要保证贸易创造大于贸易转移。

针对当前不同国家实践分析，在对经济一体化进行参与时，各国多多少少都会获得利益。当然，相对应的，也要对不等的成本进行支付，甚至有时候要付出昂贵的代价。因此，在区域经济一体化建设过程中，很多国家都会将专门机构设立起来，对区域经济一体化规划进行负责，评估、研究潜在对象国。

立足当前中国区域经济一体化决策过程，通常情况下，可行性论证排在政治决策之后，也就是说先有决策、后有论证，缺乏充足科学依据。所以，我国应当借鉴其他国家区域经济一体化建设教训、经验，以此为基础，科学、详细地评估今后可能的合作先后顺序、合作途径、合作方式，继而将区域经济一体化的总体规划制订出来，以供与其他国家开展区域贸易协议时参考。

（二）确定自由贸易区目标签约国先后顺序

在规划区域一体化的过程中，有一项非常重要的内容，那就是对区域经济一体化目标签约国先后顺序进行确定。在确定区域经济一体化目标签约国先后顺序时，应当遵循如下原则：依照循序渐进、先易后难、由近及远的方针，由低至高、

有层次、有步骤地推进区域经济一体化。区域经济一体化也会带来风险，为防范这些风险，当前中国参与双边区域合作的形式，应主要为签署区域自由贸易协定；在选择谈判签约对象时，应侧重于那些有着较强竞争力、较大市场规模、较高贸易保护程度和较密切经贸关系的国家或地区，从而尽可能多地在双边区域合作过程中获利。

依照上述思路，在经过政治效果、经济效果充分论证的基础上，我们可以从中将中国区域经济一体化目标签约国先后顺序明确下来。

（三）加强对区域经济一体化的宏观调控

在对政府宏观调控的要求方面，区域经济一体化比全球一体化更高一些。

（1）通常而言，区域经济一体化涉及的贸易自由化进程比 WTO 规则的规定要快，中国一旦参加区域经济一体化，其非关税壁垒拆除和关税减让行动，就必须同时执行不同的时间表，毫无疑问，这会导致宏观经济管理工作难度的增加。

（2）WTO 有一整套国际贸易规则，对各国市场行为进行规范。通过 WTO 的争端解决机制，能够行之有效地解决 WTO 之间出现的贸易纠纷。然而，区域经济一体化离不开双方政府部门的谈判与协调，所以，在实施区域经济一体化过程中，政府有关部门应当对协调、组织工作进一步强化，有序、有效地发挥各方面作用，从而确保整体效应的发挥。

第三节 "一带一路"背景下区域经济协同发展

一、"一带一路"对中国区域经济发展的影响

（一）加快中国新一轮改革开放

现如今，纵观世界各国，我国经济总量排名已达"榜眼"之位，而货物贸易量则高居榜首。然而，我们要深刻认识到，我国发展并非一片坦途，仍面临很多坎坷、困难与挑战。

实际上，我国整体对外开放进程速度很快，远超我们的想象。然而，与此同时，中国区域经济发展也存在一大突出问题，不容忽视，那就是"不平衡"问题。

我国国土幅员辽阔，其中 80% 都属于中西部地区，而从总人口来看，中西部人口占全国人口 60%，但是，立足全国 GDP 角度而言，中西部地区 GDP 仅仅为全国 GDP 的 33% 左右，而其对外投资量仅为全国的 22%，吸引外资量为全国的 17%，进出口总量为全国的 14%……

可以说，提升中西部竞争力、提高其整体发展水平，对于实现中国梦、全面振兴中国经济而言，是至关重要的。通过 21 世纪海上丝绸之路向西开放以及丝绸之路经济带的共建，能够对沿边、内陆的对外开放起到有力促进作用，能够对中西部经济发展提供助推动力，对改革开放以来我国经济存在的"东强西弱、东快西慢"问题予以解决。

在过去，东部沿海的率先开放为我国经济增长贡献颇多，因而我国对"引进来"分外强调，对发达国家市场更为注重。但是，现如今我国强调"全方位开放"，不仅重视"引进来"，也同等重视"走出去"，不仅注重发达国家的合作，也同等注重于发展中国家的合作。

总的来说，我国既要对中国经济的升级版进行打造，也要借助"一带一路"对中国对外开放的升级版进行打造，为新一轮对外开放提供强大助力，让改革发展和对外开放之间呈现良性的、正循环的互动。

（二）推进亚欧非区域合作与经济发展

丝绸之路经济带线路途经俄罗斯、哈萨克斯坦等上海合作组织主要成员国，延伸至地中海中岸和东岸，直通欧洲波罗的海沿岸，连接东亚、中亚、欧洲与非洲；而 21 世纪海上丝绸之路则由中国渤海、东海、南海各港口群出发，经中国南海过马六甲海峡并入苏伊士运河，连接印度洋、波斯湾、红海、地中海沿岸的东南亚、南亚、中亚、西亚、欧洲与非洲各国。

通过陆、海沿线各国的合作和规划，打通从太平洋到波罗的海，沟通太平洋与印度洋、地中海和非洲东海岸的陆海运输大通道，并形成连接亚洲、欧洲、非洲的交通运输网络，促进贸易畅通和投资便利化。

纵观世界历史，由于种种原因，在全球经济发展进程中，上述线路中除东西两端的西欧、东亚以外的地区，成为一块与亚欧经济带发展相连接的中部"凹陷"地带。

尽管在这条中部"凹陷"地带中，人力资源、土地资源、能源资源、矿产资源十分丰富，更有非常宝贵的旅游资源，这些资源来自古丝绸之路多民族文化、壮丽的自然风光以及众多的历史古迹与文物。然而，从经济发展水平来看，这条凹陷带相较于两端的欧洲与东亚经济圈，有着巨大落差。一方面，就人均 GDP 而言，二者差距可谓"悬殊"；另一方面，就贫困人口比例来看，其远远超出欧亚大陆的平均水平；此外，就区域间发展来看，其交通基础设施不是通而不畅，就是联而不通，甚至不联不通，区域之间未能有紧密联系，发展也十分不平衡，这些都很不利于区域合作的深化。因此，若想与经济变化相适应，保持经济迅猛发展与可持续增长，防止踏入"中等收入陷阱"，其需要承担前所未有的压力。

近年来，中国、沿线各国及国际组织（如联合国开发计划署、亚洲开发银行等）共同努力，不断改善"一带一路"海、陆线路中部地区的交通基础设施，极大促进贸易、运输便利化，将连接线路中部各国与世界其他国家的交通走廊初步构建而出。

然而，对于经济发展而言，运输服务与交通基础设施或许仅能提供潜在动力，在推动经济方面，特别是带动沿线地区发展方面，简单的交通走廊只能发挥十分有限的作用。在外向型经济发展过程中，假如对其过度依赖，很可能在产业、区域上形成外部依赖型的"发展飞地"，致使产业、区域的发展畸形化。所以，如果该地区想让自己的发展动力更为持久，就要对两大经济圈进行连接，基于交通发展，结合资源优势，针对多种优势产业（如纺织、电子、机器、电讯、矿产、动力等）展开全方位合作，实现共同发展、优势互补。

"一带一路"既要创新体制机制，又要建设基础设施，这对区域内有关国家的营商环境的改善是十分有利的，在整体振兴亚洲的过程中，体制机制创新与基础设施建设将成为"两翼"，为非洲、欧洲、亚洲相关国家的区域一体化、经济发展和经济贸易合作增添动力。

（三）促进世界和平与发展

回顾历史，我们能够看到，在古代，欧亚大陆饱受火与血的洗礼，经历了沉重的战争灾难。而陆上丝绸之路和海上丝绸之路则与之形成鲜明对比，其满载友好、合作与和平。

可以说，通过丝绸之路，古代沿线各国都实现了思想交流、技术交流、人员交流和商品交流，实现了社会发展、文化进步与经济发展，实现了不同文明的对话与交融，将灿烂的篇章书就于人类历史之中。

古代丝绸之路将互利共赢、开放包容、和平友好等精神展现而出，既是一笔属于中国人民的精神财富，也是一笔属于世界人民的非物质文化遗产，全人类都应当对其予以继承与发扬。

步入 21 世纪后，显而易见的，国际与地区形势愈发纷繁复杂，因此，若能在其中注入新的时代内涵，对古代丝绸之路精神继承与弘扬，定能为世界和平与发展作出特殊贡献。

现如今，虽然人们仍在探讨、研究"一带一路"的主要内容，已经形成了一个有着广泛基础的共识："一带一路"应当对互联互通优先发展。

具体而言，就是从不同情况出发，依次实现政策沟通、道路连通、贸易畅通、资金融通、民心相通这"五通"。这将为推动沿线各国经济合作与繁荣，实现区域经济一体化奠定坚实基础，并在物质财富与精神思想两个层面树立起有关国家互利共赢、友好合作、和平发展的真实范式，为促进世界和平与发展，推进人类文明进步，作出有益的探索与贡献。

（四）中国互联网经济的历史机遇

对于传统行业而言，"一带一路"为其提供巨大历史机遇，助推其向国际迈进；对于互联网经济而言，也同样如此。立足"一带一路"倡议的具体情况以及中国互联网经济发展的特点而言，基于"一带一路"倡议背景下，中国互联网经济历史机遇在如下方面有所体现：

1. "一带一路"倡议提供良好外部政策环境

从总体来看，互联网经济属于服务行业，相较于货物贸易而言，服务业更多地受到政策影响，因而更需要外部政策环境的稳定。

中国改革开放迄今为止已走过 40 多年，基于加工制造业的货物贸易仍是我国主要的对外经济合作，尽管外部政策较少地影响着这种参与国际经济合作的方式，然而，当前我国更深层次地对国际经济合作进行参与，特别是从货物贸易转向服务贸易，使得在世界经济合作机制和政策方面，我国发挥了更大的作用，能够更好地维护中国企业的正当权益。

中国首次就国际竞技社会合作提出具体的综合性政策倡议，就是"一带一路"倡议，其与对中国参与国际经济社会合作新趋势相适应，将国际合作机制和良好的政策指引提供给中国服务业，帮助其真正"走出去"，同时，也将良好的外部政策环境提供给中国互联网经济。

2. "信息丝绸之路"建设带来的正面溢出效应

互联网硬件基础设施的建设，是发展互联网经济必不可少的前提与基础。如果互联网经济脱离了光纤电缆、通信基站，其发展将无从谈起。除此之外，互联网硬件也密切关联着互联网经济经营模式。基于我国互联网硬件基础设施建设的迅速发展，我国互联网经济也随之腾飞。所以，不难看出，互联网经济发展，受到了互联网硬件基础设施建设正面溢出效应的影响。现如今，在"一带一路"倡议中，对互联网硬件基础设施建设的大力推进属于非常重要的内容，对于互联网经济在相关国家的发展来说，这无疑带来了巨大机遇。

3. "一带一路"沿线国家更需要适合发展中国家的网络服务

纵观世界，中国是最大的发展中国家，同样的，"一带一路"沿线国家大部分都属于发展中国家，不管依照联合国开发计划署的人类发展指数标准还是依照世界银行的人均 GDP 标准，一带一路沿线多数国家所处的发展阶段都和中国是相同的。除此之外，中国有着辽阔的国土，东部地区有着高度集中的人口，西部地带则地广人稀；东部沿海城市能够与西方发达国家相媲美，中西部山区则较为落后。所以，相较于来自西方的互联网经济模式，根植于中国的互联网经济模式与"一带一路"沿线国家的社会发展阶段与经济发展水平更为适应。

总的来说，中国互联网企业在"走出去"方面，有着"民心相通、国情相同"带来的共鸣效应，可谓非常大的优势。

（五）增强中国文化软实力的国际影响

1. 文化软实力与"一带一路"倡议的关系

（1）文化的交流与融合是建设"一带一路"的精神之基

距今 2000 余年前，汉代张骞离开本土，出使中亚，将连接欧亚、横贯东西的古丝绸之路开辟而出，对中华文化进行传播，将东方文明与西方文明相沟通，更对古代中国同世界各国人民的友好往来进行见证。

现如今，"一带一路"倡议布局对两千年历史进行跨越，将新的时代内涵赋予古老的"丝绸之路"，而国际社会也对此进行广泛关注与热烈响应。越来越多的人认识到，由于文化交流不畅，将导致贸易产生更大阻隔。

"一带一路"倡议是中国与世界整个格局步入"新常态"后，对外、对内的长远发展方向与根本需求。现如今，国际体系出现变化，产生了部分新国际投资规则，正是基于这种"新常态"，我们将"一带一路"提出，从实质来看，其也是对传统规矩进行创新的表现。

然而，通过对近年来国内企业"走出去"的状况进行分析，我们也要认识到，虽然我们大量增加了对外投资合作，然而受沟通交流不足的限制以及文化差异的影响，我们在海外对新市场的开拓以及投资、并购等，都受到所在国与相关国家施加的压力，只是有大有小罢了，甚至出现被误读、误解、误判的问题，难以得到认可。

我们应当深刻认识到，对于经济方面的合作而言，文化的交流融合能够提供更多助推力量。国家与国家之间的关系发展，不仅要"硬"支撑（即经济贸易合作），也需要"软"助力（即文化交流）。文化能够产生跨越国界、超越时空的影响。

对"一带一路"经济倡议进行推广，应当坚持"文化先行"，要对我们的价值观、文化理念进行积极宣传，同时也要对各对象国所具有的价值观和文化进行深入了解，所谓知己知彼、百战不殆，要不断强化与国外文化的交流，依托文化沟通，实现经济交融。文化软实力发挥的助推作用是润物无声、潜移默化的，我们要将这种作用利用好，对文化冲突进行解决，对吸引力进行展现，最终实现文化更全面、深入的融合，这样方能收获越来越多国家、地区的认可，从长远层面体现出"一带一路"的倡议意义。

（2）文化的传播认同是建设"一带一路"的畅通之桥

"一带一路"倡议布局有着广泛的业务，所涉区域甚广，绝非我国一国独唱、独奏，而是沿线各国的共鸣与合奏。可以说，这条路不仅能够实现经济交通，更能达成民心交融，从这一意义上看，其除了是一条经济带之外，更可谓是"文化带"。

我们要认识到，对"一带一路"进行推进，关键要讲好中国故事。一个国家的形象，能够通过精彩的故事被生动地描绘出。

美国兰德公司的一份报告中指出，一个国家软实力水平如何，关键取决于其讲故事的能力，取决于其所讲故事有没有强大的说服力，更取决于这个国家取信于民的能力，而一国软实力的水平高低，也深深影响着该国影响力的强弱。

纵观中华民族五千年历史，有着层出不穷、数不胜数的风云人物，有着精彩绝伦、令人叹服的传奇故事，有着博大精深的儒道禅宗。因此，对"一带一路"进行推进，就是要将中国优秀的传统文化元素恰当地、灵活地向一个个生动精彩、扣人心弦、极富感染力的中国故事转化，要让人们能够听懂、轻松理解这些故事，更要让人们能够接受这些故事。当然，我们还要主动倾听各个国家的故事，深入领会它们的价值观、文化，如此，方能让合作、投资受到各国广泛欢迎与认可，保证"一带一路"倡议收获共赢与互利互惠的成效。

与此同时，对"一带一路"进行推进，要注重民间交往的扩大。我们要对一批面向国际的非政府组织与民间智库进行扶持与培育，对其进行鼓励、支持，让它们广泛地开展对外合作、对外交流，对各国的文化、经济、政治生态进行深入探索与研究，将桥梁与道路提供给企业，也将强大的智力保障与支持提供给它们，方便其更好地"走出去"。

除此之外，要高度重视海外中资企业协会作用的发挥，对那些"走出去"的企业进行引导、督促，使其承担应承担的社会责任，将良好的口碑树立起来。

对"一带一路"进行推进，要对交流渠道加以拓宽，对新兴传媒载体予以利用，对技术创新带来的新机遇准确把握，实现新兴媒体与传统媒体的融合发展，对移动新媒体终端与互联网技术高效利用，将新兴媒体的传播优势有机结合于传统媒体的内容优势，对新应用、新技术充分运用，对媒体传播方式进行创新，从而在新媒体环境下赢得舆论传播的主导权与话语权。

要善于运用有效渠道，对中国声音进行传播，如国内跨国企业参与的海外路演和投融资，重大国际性展览会、论坛、会议，国际经贸活动平台，等等。这些渠道也是对中国形象进行展示的重要窗口，能够令世界更快速地对中国进行了解。

2. 文化外交在"一带一路"倡议中的重要性

之所以提出"一带一路"倡议，主要是为了让欧亚各国经济有更密切的联系、更深入的合作、更广阔的发展空间。因此，从最开始，"经济合作"就处于"一带一路"倡议中的首要位置。不过，虽然经济发挥的力量无可替代，但我们同样不应忽视文化起到的作用。

坚持兼收并蓄、和而不同的理念，与文化多样化的世界潮流相顺应，"一带一路"可谓继承古时、泽惠今日，不仅继承、发展古代丝绸之路交融的东西方文明，又在新时代对东西方文化交流合作的巨大空间进行开创，同时，也唤醒了那些遗存、沉睡于"一带一路"沿线的中华文化基因。

纵观"一带一路"沿线，总计65个国家，人们迫切地需要依托文化交流，实现彼此了解的增进、认同的增加以及信赖的增长，让彼此之间有着更加坚实的社会基础、更加强烈的民众意愿以及更加深厚的感情基础，真正做到联结民心、心心相通，继而在文化方面彼此包容、经济方面彼此融合、政治方面彼此信任，真正成为命运共同体、责任共同体以及利益共同体。

古"丝绸之路"文明多元共荣共生的世界景观，将因"一带一路"而再次得到恢复；世界经济格局、政治格局也将受到"一带一路"的深刻影响；对于全球而言，"一带一路"将成为其和平与发展的重要基石。

沿线国家在"一带一路"的影响下，能够真正互联互通，利用双边乃至多边文化合作、交流机制，基于文化共识，将共识推动、共享利益、共同建设、共同参与的文化平台构建而出，跨境整合文化资源。如此，既对文化遗产保护发展长效机制的建立大有裨益，能够让各国"丝路"文化遗产重获生机、焕发光彩，又能促进各国各地区文化交流、融合，彼此借鉴、取长补短，助推文化繁荣发展，最终让各国之间互利互惠、获得共赢。

二、"一带一路"倡议对中国区域经济发展的深远意义

（一）巩固中国同中亚和东南亚的合作基础

在整个"丝绸之路经济带"的版图上，中亚地区是关键纽带。中国与中亚地区具有地理上的紧密联系，共享3000多公里的国境线，仅与哈萨克斯坦就有长达1700公里的国境线。

"一带一路"的核心理念是加强同中亚和东南亚国家的经贸合作，中国同中亚及东南亚各国在历史上有着共同的发展经历，文化相通，合作基础坚固。中国新一轮的改革开放举措有利于通过共建"一带一路"形成对外开放新的增长点，其关键在于处理好中国与中亚及东南亚国家的关系，发挥好上海合作组织和中国—东盟自贸区在推动诸边合作中的积极作用，加强互联互通、优势互补、共同发展、共同受益，打造好同西部邻邦及东南亚邻国的友好合作关系。

此外，"一带一路"将欧亚地区国家普遍认同的陆、海古丝绸之路精神与中

国的经济优势相结合，以经济为纽带，密切彼此的合作关系。

（二）带动中国中西部地区加快改革开放和城镇化水平的提高

建设丝绸之路经济带可以成为扩大中西部开放、打造中西部经济升级版的主引擎，将有利于提高我国开放型经济的整体发展水平，带动中西部地区的对外开放，促进国际国内要素有序自由流动、资源高效配置、市场深度融合，优化国内区域经济布局，实现各地区经济的协调发展。

同时，可以为我国经济的可持续发展提供资源、技术和市场支撑，为保障我国经济的可持续发展和国家安全奠定重要的物质基础。丝绸之路经济带将成为我国扩大内陆沿边开放的重要平台。此外，通过丝绸之路经济带建设，还可以促进大城市和城市群发育，提升西部尤其是西北地区的城镇化水平，这对优化中国城市和人口的区域空间布局具有重大意义。

（三）促进中国东部地区的转型升级和对外投资

目前，中东部地区的企业面临着经济结构转型和海外投资加快发展的新阶段，通过"21世纪海上丝绸之路"加快同东南亚的互联互通，加快企业产品结构的升级至关重要。东部省份应寻求与东南亚国家合作的新支点，加大经贸合作力度，以点带面，形成联动发展的新局面。同时，"丝绸之路经济带"的建设也有利于我国实现产业升级，实现传统行业向中亚各国转移，并将有助于沿途各国走出当前的经济危机。

三、"一带一路"背景下中国区域经济发展的政策

（一）政策目标上，基于主体功能区规划，实现区域利益的协调

积极实施区域发展总体战略，以缩小区域间发展差距和促进基本公共服务均等化为目标，充分考虑资源环境的承载能力，关注缩小公共服务和居民生活水平的差距，强调经济社会与人口资源环境的协调发展，坚持分类指导，打造体现效率、公平和可持续发展的区域经济政策。

著名区域经济学者胡佛认为，区域经济政策的最终目标是通过增进个人福利、机会、公平和社会和睦体现出来的。我国的区域政策应从区域协调发展的新内涵

出发，以区域利益协调为主线，构建四大目标的动态组合。

一是提升市场一体化水平。从体制上消除限制区域之间要素自由流动的制度根源，促成区域之间要素市场的统一。

二是区域比较优势充分发挥。即各地区根据自身发展基础、资源禀赋、潜在优势等具体特点，落实好全国和各省市制订的主体功能区规划，并在实践中不断完善，完善区域生态补偿机制，实现各具特色、优势互补、共同发展的区域关系新格局。

三是地区基本公共服务均等化。基本公共服务均等化意味着不同区域的公民都能够分享改革发展的成果，在基础设施、义务教育、医疗卫生、社会保障等方面享受到质量和数量大体相当的基本公共服务。

四是促进资源环境的有效利用。在经济发展和环境保护的权衡中，避免短视发展模式，依据全国和各省市的主体功能区规划，实现经济发展和生态环境建设协调推进。树立科学发展观，发展环境友好型产业，区域间加强环境保护合作，促进人与自然和谐相处，实现可持续发展。

（二）政策框架上，加强立法和区域规划编制

在区域政策的机构设置和程序方面，目前尚没有明确区域管理机构与组织的设置，也没有规范的区域政策程序，这是区域管理制度基础的核心之一，是未来区域政策研究与实践必须着力解决的一个问题。

首先，构建区域协调发展的法制基础。包括修改宪法，加入促进区域经济社会协调发展、调控区域差距的条款；制定中央与地方关系法，明确中央政府与地方政府各自的事权和财权关系划分，避免政府间关系紊乱和权责冲突现象；尽快制定和出台国家区域开发方面的法律等。

其次，强化区域规划编制。按照科学发展、协调发展的思路，在全国和省市级主体功能区规划的框架下，细化其子区域的规划编制，增强区域政策的针对性和可操作性。

再次，整合现有的相关区域发展机构。如京津冀协同发展领导小组、国务院扶贫办、国务院西部大开发办和国务院部委机关中与地区开发有关的机构，设置专门的区域协调机构。建议在人大设立区域发展委员会（立法机构）、国务院设立国家地区开发局（行政执行机构）等区域发展的权威机构。

（三）政策工具上，从"简单化"向"精细化"转变

在区域规划方面，加快推进区域发展战略规划的制订和相应的区域经济政策的支持。在全国性规划层面，应自上而下细化具体发展规划，并明确考核目标和方式。

在基本政策工具方面，突出间接政策工具的作用。区域协调发展成为中国区域经济中的重要问题，传统的直接依靠政府大幅度的优惠政策对某一地区进行区域援助越来越有悖于区域公平的理念。同时，间接政策工具所左右的区域制度环境在区域经济发展中的重要地位日益得到认同。因而，对问题区域进行区域援助时，要注意从以下方面着手：

首先，要充分考虑区域经济自组织的作用机理，注重区域经济运行规律，细化政策工具，尊重区域主体之间的利益诉求，在对落后地区公共物品进行直接供给的同时，重视制度供给和创新，利用特殊经济区政策植入市场机制，发挥市场机制内部"活血"和"造血"功能，结合区域经济合作，实现生产要素的跨区域循环，促进区域市场一体化。

其次，各类国家和地方特殊经济区，要建立健全特殊经济政策评估工具，审视特殊经济区政策的效果，对于达不到预期效果的区域进行审查，对于脱离了制度供给时设定的任务和目标区域进行彻底整治，保障集成政策工具的效率。

再次，完善区域经济政策工具，使其体系化和规范化。区域政策的有效实施，需要有组织完善、设计精细的一整套政策工具作为保障框架。第一，强化法律手段，促进区域发展规划的落实；第二，细化经济手段，使用经济手段处理区域经济发展问题，提高区域经济政策的实施效率；第三，规范行政手段，尽可能避免寻租和随意性。

因此，必须综合考虑各地资源禀赋、区位条件和经济社会发展水平等因素，采用法律、经济、行政等多管齐下的区域协调手段，构建多元化的政策工具体系，使区域政策工具从简单化走向精密化。政策创新方面，与时俱进地推进各类国家级新区、自贸区等特殊经济区及综合配套改革试验区的建设，在我国市场经济转型过程中率先建立起成熟的市场经济制度。通过以改革和开放为主体的政策试验在小范围内探索市场经济体制，利用政府推广和市场辐射两种机制，分类别、差异化地将其成熟经验向全国推广。

参考文献

[1] 刘国斌."一带一路"与我国区域经济发展格局的重塑 [J].东北亚经济研究，2022，6（05）：5-13.

[2] 周立，陈彦羽.最优金融空间结构与区域经济协调发展 [J].河海大学学报（哲学社会科学版），2022，24（03）：60-67，115.

[3] 韩璐.区域经济协调发展环境中企业经济管理策略 [J].中国中小企业，2022（06）：186-188.

[4] 常荣荣.论广西物流产业发展对区域经济发展的影响 [J].柳州职业技术学院学报，2022，22（01）：22-29.

[5] 王雨，张京祥.区域经济一体化的机制与效应——基于制度距离的空间发展解释 [J].经济地理，2022，42（01）：28-36.

[6] 王淑伟，崔万田.京津冀区域经济协同发展评价 [J].商业经济研究，2022（02）：162-166.

[7] 刘英俊.区域经济发展不平衡背景下竞争政策实施的法治保障 [J].竞争法律与政策评论，2021，7（00）：179-197.

[8] 吉富星，樊轶侠.促进区域经济一体化发展的财政制度安排及优化路径 [J].经济纵横，2021（12）：83-89.

[9] 王军，韩笑梅，邓玉.基于系统动力学模型的品牌经济与区域经济发展关系研究——以东部地区为例 [J].山东科技大学学报（社会科学版），2021，23（06）：61-72.

[10] 姚树洁，张帆.区域经济均衡高质量发展与"双循环"新发展格局 [J].宏观质量研究，2021，9（06）：1-16.

[11] 易其国，马灿，丁锐.高铁对区域经济发展的空间溢出效应分析 [J].统计与决策，2021，37（19）：129-133.

[12] 刘健，刘春林 . 一带一路倡议下跨境电商对区域经济均衡发展的研究 [J]. 物流工程与管理，2021，43（08）：94–98，112.
[13] 宾津佑，唐小兵，白福臣 . 广东省经济发展的区域差异及其时空格局演变 [J]. 湖南师范大学自然科学学报，2021，44（04）：62–70.
[14] 王娟娟 . 中国区域经济发展百年历程——基于合理和效率关系的梳理 [J]. 当代经济管理，2021，43（08）：64–75.
[15] 陈婉玲，丁瑶 . 区域经济一体化的源流追溯与认知纠偏 [J]. 现代经济探讨，2021（06）：1–11，18.
[16] 陈泓锦 . 浅析区域经济在宏观经济管理下的协调发展 [J]. 商业观察，2021（14）：61–63.
[17] 张鹏，杨雪 . 区域经济协调发展的财政政策工具优化选择与中国逻辑 [J]. 软科学，2021，35（06）：29–34.
[18] 张可云，肖金成，高国力等 . 双循环新发展格局与区域经济发展 [J]. 区域经济评论，2021（01）：14–29.
[19] 高友才，何弢 . 临空经济对区域经济发展影响研究 [J]. 经济经纬，2020，37（04）：20–27.
[20] 唐晓灵，杜莉 . 基于引力模型的区域经济发展与生态环境耦合协调研究——以陕西省为例 [J]. 生态经济，2020，36（07）：164–169.
[21] 陶丽，邓桥 . 试论政府宏观经济管理下的区域经济协调发展 [J]. 商业时代，2014（02）：12–13.
[22] 唐坚 . 宏观经济管理视域下区域经济协调发展路径研究 [J]. 当代经济，2020（02）：36–39.
[23] 庄贵阳，周宏春，郭萍等 ."双碳"目标与区域经济发展 [J]. 区域经济评论，2022（01）：16–27.
[24] 林木西，肖宇博 . 数字金融、技术创新与区域经济增长 [J]. 兰州大学学报（社会科学版），2022，50（02）：47–59.
[25] 杨东亮，任浩锋 . 中国人口集聚对区域经济发展的影响研究 [J]. 人口学刊，2018，40（03）：30–41.
[26] 生延超，周玉姣 . 适宜性人力资本与区域经济协调发展 [J]. 地理研究，

2018，37（04）：797-813.

[27] 尚勇敏，曾刚.科技创新推动区域经济发展模式转型：作用和机制 [J]. 地理研究，2017，36（12）：2279-2290.

[28] 韩承平.一带一路战略与区域经济融合发展路径分析 [J]. 佳木斯职业学院学报，2017（06）：474.

[29] 李香菊，王雄飞.促进"一带一路"区域经济合作与发展的国际税收协调研究 [J]. 经济经纬，2017，34（03）：135-140.

[30] 黄剑辉，李洪侠."一带一路"战略视阈下我国区域经济的协调发展 [J]. 税务研究，2015（06）：22-30.